댄스스포츠사전

Dance Sports Dictionary

김두련 감수

서울교육대학교 교수
명지대학교 대학원 이학박사
대한댄스스포츠 경기연맹 부회장
한국초등무용학회 회장
(재) 대한 라인댄스 연합회 회장

자격   대한댄스스포츠 경기연맹 2급 심판위원
대한댄스스포츠 경기연맹 1급 트이너 자격(스탠다드)
대한댄스스포츠 경기연맹 1급 트이너 자격(라틴)
전국국공립평생교육원 댄스스포츠 심사위원

저서   《창작의 세계》,《교사를 위한 라인댄스》,《표현무용기본운동》 외 다수

역서   《무용과 교육》,《자세교정학》,《댄스클래스》,《빅터실버스터 댄스스포츠》,
《리듬활동과 무용》 외 다수

댄스스포츠사전
dance sports dictionary

초판 인쇄   2021년 7월 14일
초판 발행   2021년 7월 20일

펴낸이   진수진
펴낸곳   책에 반하다
디자인   백미애

주소   경기도 고양시 일산서구 대산로 53
출판등록   2013년 5월 30일 제2013-000078호
전화   031-911-3416
팩스   031-911-3417

차 례
dance sports dictionary

 ㄱ 9

ㄴ 15

ㄷ 19

ㄹ 29

ㅁ 55

ㅂ 65

 ㅅ 83

 ㅇ 131

ㅈ 165

ㅊ 173

 ㅋ 181

ㅌ 205

ㅍ 217

 ㅎ 237

댄스스포츠사전
dance sports dictionary

댄스스포츠
사전

가야르드(gaillarde)

명랑하고 쾌활한 분위기의 춤으로, 16~17세기 프랑스를 비롯한 영국 등에서 널리 유행했다. 일반적으로 2분의 3박자나 4분의 2박자로 춤을 춘다. '갤리어드(galliard)' 라고도 한다.

간초(gancho)

탱고 용어로, '고리' 라는 뜻. 파트너의 다리를 자신의 허벅지와 종아리로 잡는 것을 말한다.

갤러핑(galloping)

한쪽 발을 앞으로 스텝 하고, 다른 발을 빠르게 클로즈(close) 하여 체중을 옮기는 동작이다. 슬라이드(slide) 스텝보다는 강하게 움직인다. 호핑(hopping), 리프(leap), 워킹(walking), 점프(jump), 러닝(running), 스키핑(skipping), 슬라이드 등과 더불어 댄스의 기본 스텝 중 하나이다.

갤럽 무브먼트(gallop movement)

갤럽(gallop)은 '전속력으로 달리다, 질주하다' 라는 뜻. 주로 폴카(polka)에 관련된 용어이다. 양 발을 동시에 땅에서 띄워 껑충껑충 뛰는 동작을 말한다.

갤리어드(galliard)

가야르드(gaillarde) 참조. 16~17세기 프랑스 등에서 널리 유행한 댄스인 가야르드의 다른 이름이다.

경연댄스(competitive dance)

컴페터티브 댄스(competitive dance) 참조. 댄스 기술의 우열을 겨루기 위해 펼치는 경연(競演)을 말한다. '경기댄스' 라고도 한다.

경기용 라틴댄스 의상

고고(gogo)

1960년대 후반 미국을 중심으로 유행한 빠르고 역동적인 춤 또는 그 음악을
말한다. 고고의 동작은 허리를 흔드는 것을 중심으로 하며, 특별한 제약 없
이 자유롭게 출 수 있다. 로큰롤(rock 'n' roll)과 재즈(jazz) 등에 어울리는 춤
으로 대중의 사랑을 받았다.

국제댄스스포츠연맹(International Dance Sports Federation)

1957년 댄스스포츠의 세계 보급을 목적으로 설립된 단체이다. 스위스 로잔
에 본부가 있으며, 흔히 약칭으로 'IDSF'라고 불린다. 1997년 국제올림픽위
원회(IOC)의 정식 회원이 되었고, 댄스스포츠가 1998년 방콕아시아경기대
회와 2000년 시드니올림픽대회에서 시범종목이 되는 데 큰 역할을 했다. 한
국은 1974년 이 단체의 회원국이 되었다.

국제볼룸댄스평의회(International Council of Ballroom Dancing)

1950년 프로 댄스 경기의 국제 행사를 관리하기 위해 설립되었다. 약칭은
'아이씨비디(ICBD)'. 이 단체의 명칭은 1993년부터 세계댄스·댄스스포츠

경기용 모던댄스 의상

평의회(World Dance & Dance Sport Council ; WD & DSC)로 바뀌었고, 1997년 국제댄스스포츠연맹(IDSF)의 준회원으로 등록되었다.

그랜드 체인(grand chain)

남성과 여성이 각각 한 사람씩 차례대로 늘어서서 큼지막하게 원을 만든 뒤, 남성은 시계 반대 방향으로 돌고 여성은 시계 방향으로 돌면서 춤을 추는 것을 말한다.

글라이드(glide)

미끄러지듯 발을 이동시키는 동작이다. 엄지발가락 부분으로 지면을 스치듯이 지나간다.

까미나도(caminado)

탱고 용어로 '걷기'를 뜻한다. 서로 마주보고 한 사람은 앞으로, 다른 한 사람은 뒤로 걷는다.

꼬띠용(cotillon)

왈츠(waltz), 폴카(polka), 마주르카(mazurka) 등의 음악에 맞춰 추는 춤. 18세기 초 프랑스에서 생겨났다. 4쌍의 남녀가 함께 추는 춤으로, 19세기에는 유럽을 넘어 미국에도 소개되었다.

꼬르띠나(cortina)

'막, 장막' 이라는 뜻. 탱고에서, 딴다(tanda) 사이에 잠시 다른 장르의 음악을 내보내는 것을 말한다. 일종의 휴식 시간이라고 할 수 있다.

꾸 드 삐크(coup de pique)

파소도블레의 피겨(figure) 명칭 중 하나로, '창을 찌르다' 라는 뜻. 남성의 오른발이 여성의 왼발을 가로질러 포인트 했다가 클로즈드 포지션(closed position)을 만든다. 그리고 남성은 왼발을 뒤로 해 오른발 옆으로 한 다음 왼발을 모은다. 이 때 여성은 남성과 대칭이 되도록 한다.

꾸뻬 플릭(coupe flick)

오른발로 약간 슬립(slip) 하여 왼발을 플릭하는 것을 말한다.

끄루쎄(cruce)

탱고 용어로, 남녀가 서로 교차되는 크로스 포지션 형태를 말한다.

끄루쎄 아델란떼(cruce adelante)

탱고 용어 중 하나. 남녀의 몸 앞쪽으로 교차한 크로스 포지션 형태를 말한다.

끄루쎄 아뜨라스(cruce atras)

탱고 용어 중 하나. 남녀의 몸 뒤쪽으로 교차한 크로스 포지션 형태를 말한다.

댄스스포츠
사전

내추럴(natural)

우회전을 뜻한다. Reverse의 상대어.

내추럴 댄스(natural dance)

자연적인 그리스 무용을 기초로 하는 춤. 1915년 영국에서 발생했다.

내추럴 박스(natural box)

오른쪽 방향으로 사각형의 스텝을 하는 기본 피겨(figure)이다.

내추럴 스핀 턴(natural spin turn)

오른쪽 방향으로 하는 스핀턴을 말한다.

내추럴 턴(natural turn)

춤을 추면서 오른쪽으로 방향을 전환하는 것을 일컫는다. 그와 달리 왼쪽으로 방향을 전환하는 동작은 리버스턴(reverse turn)이라고 한다.

내추럴 피겨(natural figure)

오른쪽으로 회전하는 피겨를 일컫는다.

내추럴 피벗 턴(natural pivot turn)

오른쪽 방향으로 하는 피벗턴을 말한다.

네임드 배리에이션(named variation)

각 종목의 기초적인 테크닉이 되는 베이식 피겨를 변화시킨 것으로, 이름이 붙어 있는 배리에이션을 말한다. '볼룸댄스 테크닉' 에서는 베이식피겨.

넥 랩(neck wrap)

차차차 동작 중 하나. 목을 감싸는 듯한 동작을 일컫는다.

노 풋 라이즈(no foot rise)

몸과 다리로만 느끼는 라이즈(rise) 동작. 발뒤꿈치를 바닥에 붙인 채 상체와 발을 뻗어 일어서는 것이다. 바디 라이즈(body rise)라고도 한다. 약어는 '엔 에프알(NFR)' 이다.

논 시퀀스 댄스(non sequence dance)

일반적인 모던 볼룸 댄스(modern ballroom dance)처럼 피겨(figure)와 피겨의 접속이 자유롭고 그 순서가 변하지 않는 것을 말한다.

뉴욕(new york)

룸바, 차차차의 피겨명칭. 뉴욕의 상징인 '자유의 여신상' 처럼 손을 위로 들어올리기 때문에 붙여진 이름이다. 손을 위로 들어오리기 때문에 가슴을 활짝 젖히며, 여자가 남자의 왼쪽에 서서하는 동작과 여자가 남자의 오른쪽에 서서 하는 동작이 있다.

니 드롭(knee drop)

플로어에 무릎을 닿게 하는 동작을 일컫는다. 주로 파소 도블레에서 언급되는 용어이다.

댄스스포츠
사전

다운(down)

무릎을 부드럽게 해서 일반적인 상태보다 상체를 좀더 낮게 하는 것을 말한다. 콘트라 체크(contra check)나 퀵 스텝(quick step)의 팁시(tipsy) 등에서 사용된다.

다운비트(down beat)

각 비트의 시작을 일컫거나, 각 마디 또는 박자에서 센박을 가리키는 용어이다.

다이아몬드(diamond)

스텝의 진행 형태가 마름모꼴인 것을 말한다. 또한 모던 볼룸 댄스(modern ballroom dance)에서 여성이 신는 신발 중 앞부분이 약간 뾰족한 각이 진 것을 일컫기도 한다.

단손(danzón)

차차차(cha cha cha)의 전신으로, 19세기 말 쿠바에서 발생한 댄스뮤직이다. 스페인 무곡에 아프리카 리듬이 더해져 생겨났는데, 20세기 초까지는 꽤 유행했지만 그 후 쇠퇴의 길을 걸었다.

대각선 회전법(diagonally turn)

3/4회전(270°)을 기본으로 하는 회전법을 말한다. 따라서 무도장의 어느 면이든지 항상 비스듬히 닿아 마치게 된다.

댄스 란체스(dance ranches)

라인댄스를 추는 장소를 말한다.

댄스스포츠 파티용의상

댄스 스포츠(dance sports)

스포츠적인 요소가 더해진 사교댄스를 일컫는다. 그 기원은 18세기 말~19세기 초 영국 상류사회 모임에서 행해지던 볼룸댄스(ballroom dance)로 거슬러 올라간다. 댄스 스포츠라는 용어는 1987년 국제올림픽위원회(IOC) 가입을 추진하면서부터 공식 명칭으로 사용되었다. 그 후 댄스스포츠는 1995년 국제올림픽위원회의 경기 종목으로 잠정 승인되었고, 1997년 국제댄스스포츠연맹(IDSF)이 정식 회원으로 가입하는 성과를 거두었다. 오늘날 댄스 스포츠는 스포츠로서 신체 단련은 물론 생활체육과 대학의 교양 과목으로 폭넓은 인기를 끌고 있다. 그것은 댄스 스포츠가 음악에 맞춰 활발한 신체 활동을 함으로써 육체적 건강과 정신적 기쁨, 사교 활동을 통한 예의범절 등을 배울 수 있기 때문이다. 세계 각 나라에는 고유의 민속 무용이 있다. 그것은 매우 개성적이며 특이한 형태로 발전해왔다. 그에 비해 댄스 스포츠는 세계인 누구나 공통된 형식으로 즐길 수 있도록 만들어진 춤으로 남녀가 한 쌍을 이루어 음악의 리듬에 맞추는 가운데 신체적 움직임을 통해 예술의 미적 가치를 창조하는 스포츠라고 정의할 수 있다. 한 마디로 댄스 스포츠는 춤과 음악, 스포츠가 결합된 종합예술의 성격을 띠는 것이다. 댄스 스포츠는 크게

댄스스포츠 슈즈

모던 볼룸댄스(modern ballroom dance)라고도 하는 스탠다드댄스(standard dance)와 라틴아메리카댄스(Latin America dance)로 구분된다. 그리고 그 세부 종목으로는 스탠다드댄스에 왈츠(waltz), 비엔나왈츠(viennese waltz), 탱고(tango), 퀵스텝(quick step), 폭스트롯(fox trot)이 있고 라틴아메리카댄스에 룸바(rumba), 삼바(samba), 차차차(cha cha cha), 자이브(jive), 파소도블레(paso doble)가 포함된다.

댄스 스포츠 경기

1920년, 최초로 영국과 미국이 폭스 트롯(fox trot) 대항 경기를 펼쳤다. 1922년, 제1회 왈츠 세계선수권대회가 개최되었다. 1950년, 댄스 경기의 국제 행사를 관리하기 위해 국제볼룸댄스평의회(International Council of Ballroom Dancing)가 설립되었다. 1959년, ICBD(국제볼룸댄스평의회)의 규약에 따라 공인 세계선수권대회가 프로페셔널과 아마추어로 나뉘어 개최되었다. 그 때부터 스탠다드댄스 부문에 왈츠(waltz), 비엔나왈츠(viennese waltz), 탱고(tango), 퀵스텝(quick step), 폭스 트롯(fox trot) 5개 종목, 라틴아메리카댄스 부문에 룸바(rumba), 삼바(samba), 차차차(cha cha cha), 자이브(jive), 파소도블레(paso doble) 5개 종목 체계가 확립되었다. 그 밖에 맘보(mambo)나 트위스트(twist)처럼 대중적인 인기를 끈 댄스가 더 있었지만, 사교댄스 경연 종목으로는 일부 조건이 부적합해 공인받지 못하고 있다.

댄스 스포츠의 기본 법칙

댄스 스포츠에는 몇 가지 기본 법칙이 있다. 이를테면 다음과 같은 것이다. 첫째, 처음 춤을 시작할 때 남성은 왼발, 여성은 오른발부터 움직인다. 둘째, 특수한 스텝을 제외하고 발을 한번 스텝하면 반드시 체중을 두어야 한다. 그리고 다음에는 다른 발이 움직여야 한다. 셋째, 몸의 방향과 다르게 스텝 하는 포인트를 제외하고는 항상 토(toe)와 몸과 시선이 일치해야 한다. 넷째, 전문가가 아닌 일반인의 춤에서는 항상 기본자세에서 출발해 기본자세로 돌아와야 한다. 다섯째, 특수한 경우를 제외하고는 항상 한쪽 발에만 체중을 두어야 한다. 여섯째, 스웨이(sway)와 삼바 동작을 제외하고는 상체를 움직이지 말아야 한다.

댄스 뮤직(dance music)

일반적으로 춤을 추기 위한 모든 음악을 일컫는다. 그러나 흔히 댄스 스포츠 등에 이용되는 음악을 말하며, 발레음악 같은 것은 포함되지 않는다.

댄스 포지션(dance position)

무도장에서 춤을 추기 위해 파트너가 짝을 짓는 자세를 말한다. 클로즈드 포지션(closed position), 프롬나드 포지션(promenade position), 콘트러리바디 무브먼트 포지션(contrary body movement position) 등 여러 가지 변형 자세가 있다.

댄스 플로어(dance floor)

무도장에서 춤을 출 수 있도록 만들어놓은 마루바닥을 말한다.

더블 록(double rock)

싱글 록(single rock)과 마찬가지로 양쪽 발을 좁게 벌린 뒤, 히프(hip) 운동

더블 오초

과 더불어 체중을 리듬감 있게 좌우로 이동하는 스텝을 말한다. 다만 제1박자, 제3박자, 제5박자, 제7박자에서는 싱글 록처럼 1박자에 히프를 오른쪽이나 왼쪽으로 한쪽씩만 내미는 데 비해 제2박자, 제4박자, 제6박자, 제8박자에서는 양쪽으로 히프를 내민다.

더블 사이드 스텝(double side step)
남자의 왼손과 여자의 오른손을 잡은 상태에서 사이드 스텝을 계속해서 연결하는 동작을 말한다.

더블 오초(doble ocho)
탱고 용어 중 하나. 여성이 오초를 하는 동안, 남성은 발을 붙이고 여성의 동작이 끝나기를 기다리면서 무릎을 편하게 든 채 그대로 선다. 반대로 남성도 여성과 같은 동작을 할 수 있는데, 이를 더블 오초라고 한다.

더블유디 앤드 디에스씨(WD & DSC)
세계댄스 · 댄스스포츠평의회(World Dance & Dance Sport Council)의 약칭.

1950년 프로 댄스 경기의 국제 행사를 관리하기 위해 설립된 국제볼룸댄스 평의회(International Council of Ballroom Dancing ; ICBD)가 1993년부터 이 명칭으로 바뀌었다.

더블 핸드(double hand)
남성과 여성이 두 손을 서로 맞잡는 것을 말한다.

데먼스트레이션(demonstration)
파티 등에서 화려한 치장을 하고 연기하는 것 또는 강습회 등에서 기술 시범을 보이는 것을 말한다.

도사도(do-sa-do)
스퀘어댄스(square dance) 동작에 관한 용어. 두 사람이 마주 보고 오른쪽 어깨를 스치며 앞으로 간 다음, 왼쪽 어깨를 스치면서 뒤로 돌아오는 동작을 말한다.

듀플 마이너 세트(duple minor set)
포크댄스 용어. 남성은 왼쪽, 여성은 오른쪽에 선 2개 조의 커플이 서로 마주하는 자세를 말한다. 즉 옆으로 나란히 선 커플끼리 얼굴을 마주보는 형태이다.

드래그(drag)
파소 도블레 피겨의 명칭. 체중이 실려 있지 않은 발을 천천히 끌어당기는 동작을 말한다.

드로우(draw)

드래그(drag)와 같은 의미. 체중이 실려 있지 않은 발을 천천히 끌어당기는 동작이다.

드롭(drop)

여성의 체중이 남성에게 지지되는 형태를 말한다. 이 때 여성의 몸은 어느 한 곳이 플로어에 닿아 있게 된다.

드롭 오버스웨이(drop oversway)

정지 상태에서 빠르게 낙하하듯이 추는 오버스웨이를 말한다.

드 플라스망(de placement)

파소 도블레(paso doble)의 기본 스텝 중 하나이다. 위치를 바꾸는 것을 의미하며, 돌진한다는 느낌을 준다.

디그(dig)

볼(ball)이나 뒤꿈치를 이용해 플로어를 강하게 차는 것을 말한다.

디렉션(direction)

움직이는 방향을 말한다. 탱고(tango)의 전진과 후진에서는 몸이 향하고 있는 방향과 움직이는 방향이 다르다. 이 때 몸이 움직여가는 방향을 설명하는 것이 디렉션이다.

디스코(disco)

빠르고 경쾌한 리듬감으로 이루어진 댄스뮤직과 그 춤을 말한다. 1960년대 프랑스에서는 밴드 대신 레코드를 사용하는 댄스홀이 등장하기 시작했다.

그 후 1970년대 들어 미국에서도 유행하면서 디스코라는 용어가 널리 쓰이게 되었다. 디스코의 세계적인 인기에는 1977년 상영된 〈토요일 밤의 열기(Saturday Night Fever)〉라는 영화의 히트가 큰 영향을 끼쳤다. 디스코는 근래 들어 가장 폭발적인 사랑을 받은 춤이라고 할 수 있는데, 짧은 시간 동안 전 세계로 급속하게 퍼져나가 장소와 세대를 뛰어넘어 누구나 즐기는 춤으로 자리 잡았다. 이 춤이 다른 볼룸댄스와 다른 점 중 하나는 파트너와 신체 접촉이 전혀 없다는 것이다. 그래서 디스코는 파트너와 마주볼 뿐 혼자 추는 춤이라고 해도 틀린 말이 아니다. 또한 특정한 피겨(figure)도 없다. 디스코 리듬은 일반적으로 4분의 4박자이다.

디스코 삼바(disco samba)

스텝을 비롯한 동작은 삼바와 다를 바 없으나, 그 춤을 디스코 음악에 맞춰 추는 것이다.

디아고날(diagonal)

'사선의, 대각선의'라는 뜻이다.

디아고날 왈츠(diagonal waltz)

1992년 영국 런던에서 열린 세계댄스선수권대회에서 왈츠가 처음 소개되었을 때 불리던 명칭이다. 춤을 출 때 엘오디(LOD) 방향이 아닌, 벽이나 룸의 중심을 벗어나 비스듬히 춘다고 해서 이런 용어를 사용했다.

딕시랜드(dixieland)

19세기 말~20세기 초에 생겨난 초기의 재즈 형식이다. 행진곡 리듬을 타고 즉흥적으로 연주하는 특성이 있다. 뉴올리언스 재즈(New Orleans jazz), 딕시(dixie)라고도 한다.

디플레이 워크(dplayed walk)

이동한 발로 체중을 옮길 때, 일반적인 워크(walk)보다 음악이 허용하는 한 되도록 타임(time)을 가득 채워 동작을 늦추는 것을 말한다. 주로 차차차와 룸바에서 볼 수 있다.

딴다(tanda)

탱고에서, 보통 3~5곡의 비슷한 분위기의 음악을 묶어 연달아 내보내는 형식을 말한다. 새로운 파트너와 친밀감을 느끼도록 하는 배려이다.

뚜르 드 되 멩(tour de deux mains)

프랑스의 사교댄스에서 남녀가 한 쌍씩 두 손을 잡고 회전하는 동작을 말한다.

라삐쓰(lapiz)

탱고 용어 중 하나. 여성이 히로(giro)를 하는 동안 남성이 한쪽 다리로 반원을 그리는 동작을 말한다.

라운드 댄스(round dance)

원무(圓舞)를 의미한다. 왈츠(walz)를 예로 들 수 있다.

라운드턴(round turn)

360° 회전을 의미한다.

라이센시에이트(licentiate)

4개 등급의 댄스 교사 자격 가운데 3번째로 주어지는 등급이다. 멤버(member)와 펠로(fellow) 사이에 위치한다.

라이즈(rise)

낮아진 상체를 일으켜 세우는 것을 말한다. 반대되는 동작은 폴(fall)이라고 한다. 폴과 라이즈가 반복되는 것을 일컫는 용어는 라이즈 앤드 폴(rise and fall)이다.

라이즈 앤드 폴(rise and fall)

무용수가 라이즈(rise)와 폴(fall) 동작을 연속해서 하는 것, 즉 상체를 일으키고 낮추는 것을 말한다. 왈츠는 라이즈 앤드 폴을 강조하는 대표적인 춤 가운데 하나이다.

라이트 더블 턴(right double turn)

오른쪽 방향으로 180° 회전하는 라이트턴(right turn)을 거듭해서 540° 회전하는 것을 말한다.

라이트 사이드 바이 사이드(right side by side)
남녀가 옆으로 나란히 서서 함께 오른쪽 방향을 향해 있는 것을 말한다.

라이트 스트레이트 더블 턴(right straight double turn)
직선으로 540° 우회전하는 동작을 일컫는다. 스트레이트 라이트 더블 턴
(straight right double turn)도 같은 의미이다.

라이트 앤드 레프트(right and left)
2개 조 커플이 서로 마주보고 선다. 그 다음 마주본 사람과 오른손을 잡고 오
른쪽 어깨를 스쳐 반대편으로 간다. 그리고 그 위치에서 파트너와 스케이터
스 포지션(skater's position)으로 맞잡으면서 시계 방향으로 반회전하고 다시
먼저 커플과 마주본다.

라이트 앤드 레프트 스루(right and left thru)
스퀘어댄스(square dance) 동작에 관한 용어. 두 커플이 마주보고 서서 오른손
을 잡고 지나간 뒤 여성을 커티쉬 턴(courtesy turn) 한다.

라이트 에로스(right eros)
여성의 오른쪽 다리가 플로어에서 떨어져 뒤로 차올려지는 동작을 말한다.

라이트 콘트라 포지션(right contra position)
남녀가 오른쪽 옆으로 함께 이동하는 자세를 취하는 것을 말한다.

라이트 크로스(right cross)

스퀘어댄스에 관련된 용어. 마주보고 있는 짝이 왼쪽 어깨를 스치면서 위치를 바꾸는 것을 말한다.

라이트 턴(right turn)

오른쪽 방향으로 180° 회전하는 것을 말한다.

라이트 트리플 턴(right triple turn)

오른쪽 방향으로 180° 회전하는 라이트 턴(right turn)을 두 바퀴 거듭해서 720° 회전하는 것을 말한다.

라인댄스(line dance)

여러 사람이 줄을 지어 추는 춤을 말한다. 특별한 파트너 없이 앞줄과 옆줄의 라인을 만들어 추는 선무(線舞)라고 할 수 있다.

라인댄스 1

라인댄스 2   라인댄스 신발

라인 디스코(line disco)

디스코 댄스의 한 종류로, 많은 사람들이 한꺼번에 똑같은 스텝으로 춤을 추는 것을 말한다.

라인 오브 댄스(line of dance)

시계바늘 방향의 반대인 '방향선(方向線)'을 따라 추는 춤을 말한다. 한정된 공간에서 여러 사람이 춤을 출 때 질서를 잡기 위해 움직이는 방향을 정해놓은 것이다. 약어로 '엘오디(LOD)' 라고 한다.

라틴아메리카 댄스(Latin America dance)

댄스스포츠의 국제 경기 규정 종목 중 한 분야. 룸바(rumba), 삼바(samba), 차차차(cha cha cha), 자이브(jive), 파소 도블레(paso doble) 종목으로 구분된다.

라틴크로스(latin cross)

스텝 한 발의 토(toe)가 턴 아웃(turn out) 되어 있는 포지션을 말한다. 뒷발 토와 앞발 칠 사이의 정확한 거리는 춤추는 거리나 피겨나 댄서 자신의 신체

특성에 따라 좌우된다.

라틴화(latin shoes)

라틴아메리카댄스를 출 때 신는 신발이다. 남성용은 통풍이 잘 되는 가죽 신
발로 윤기가 나며, 신발굽이 좁고 높다. 여성용은 원활한 동작을 위해 발끝
이 개방되어 있고, T자형 구조의 끈이 발목을 감싸 안정감을 준다.

라 팔로마(La Paloma)

스페인 작곡가 세바스티안 이라디에르(Sebastián Yradier)가 작곡한 하바네
라 곡이다. '팔로마'는 '비둘기'라는 뜻. 쿠바 아바나 항구에서 떠나는 배를
배경으로 섬 아가씨의 순박한 마음을 그리고 있다. 이라디에르는 하바네라
를 유럽에 알리는 데 많은 역할을 했다.

람바다(lambada)

람바다

람바다홀드

람바다—기본동작

람바다—베일라리나언더암턴

람바다—스윙스텝

람바다—스윙스텝 투더 레프트

람바다―스윙스텝

람바다―드롭

포르투갈어로 '채찍'이라는 뜻. 브라질의 관능적이고 열정적인 문화에서 탄생했다. 파트너끼리 다리를 감은 채 몸을 밀착해서 추는 춤이다. 룸바(rumba)와 살사(salsa), 레게 댄스(reggae dance) 등 브라질과 카리브해 연안 지역의 경쾌한 춤들이 혼합된 형태인데 1930년대 이후 최근 들어 다시 세계적으로 주목을 받았다.

람바다 드롭(lambada drop)

드롭은 매혹적이고 효과적인 동작으로 람바다의 트레이드마크다. 이 동작에서 남성은 포지션을 유지한 채 여성이 머리를 최대한 많이 젖히면서 몸을 흔드는 동작을 할 수 있도록 리드한다. 여성은 머리를 길러 이 동작의 효과를 극대화시킬 수 있다.

래그타임(ragtime)

1880년대부터 미국 미주리 주를 중심으로 유행한 피아노 음악이다. 주로 흑인 피아니스트들이 즐겼던 재즈(jazz)의 전신이지만, 즉흥 연주는 하지 않는다. 단순히 래그(rag)라고도 한다.

래그타임 뮤직(ragtime music)

흑인 음악처럼 당김음이 많은 악곡을 일컫는다. 당김음은 절분음(切分音)이라고도 하는데, 한 마디 안에서 센박과 여린박의 규칙성이 뒤바뀌는 현상을 말한다.

래그 돌 액션(rag doll action)

여성이 남성 앞에서 몸의 힘을 뺀 채 반으로 접히듯 상체를 기울인 상태가 될 때, 남성이 한쪽 팔로 여성의 허리를 지탱하는 동작을 말한다. 여기서 래그 돌(rag doll)이란, 해진 천을 덧대어 만든 누더기 같은 인형을 뜻한다. 즉

이 동작에서 여성의 자세가 그런 인형처럼 힘없이 꺾인다는 것을 의미한다.

래트럴 무브먼트(lateral movement)

가로 방향으로 움직이는 무브먼트를 말한다.

러닝(running)

워킹보다 빠른 템포의 스텝으로, 양 발이 순간적으로 바닥에서 떨어진다. 1
박자에 2스텝 내지 3스텝이 된다. 갤러핑(galloping), 호핑(hopping), 리프
(leap), 워킹(walking), 점프(jump), 스키핑(skipping), 슬라이드(slide) 등과
더불어 댄스의 기본 스텝 중 하나이다.

러닝 위브(running weave)

왈츠 배리에이션(variation)의 하나. 프롬나드 포지션(promenade position)에
서 '1, 2, &, 3'의 타이밍으로 달리는 느낌이 들게 춤을 춘다.

러닝 윙(running wing)

컨티뉴어스 윙(continuous wing)과 같은 의미를 가진 용어. 남성은 왼쪽 다

러닝피니시

리를 축으로 하여 회전하고, 여성이 그 주위를 가볍게 내달아 윙 스텝(wing step)을 수차례 되풀이하는 것이다.

러닝 피니시(running finish)
퀵스텝 베이식피겨(basic figure)의 명칭. 달리는 것과 같은 동작으로 회전해서 피겨를 끝내는 것을 말한다.

런지(lunge)
피겨(figure) 명칭의 하나. 펜싱의 칼을 찌르는 모습과 비슷하다는 데서 명칭이 유래했는데, 이 동작은 체중의 이동과 함께 이루어진다.

런지 포인트(lunge point)
피겨(figure) 명칭의 한 가지. 남성이 스텝 한 오른발로 체중을 옮기지 않고, 토(toe)의 아이이(IE)로 포인트 하는 것이다.

레가토(legato)
음과 음 사이가 끊이지 않게 매끄럽게 연주하는 것을 의미하는 음악 용어이다. 악보에 'legato' 라고 적거나 이음줄을 걸쳐서 표시한다. 이것과 대립되는 주법이 스타카토(staccato)이다.

레게(reggae)
1960년대 말 자메이카에서 생겨난 음악을 말한다. 자메이카 흑인들의 전통적인 댄스 음악에 리듬 앤 블루스(rhythm and blues)의 영향이 더해져 탄생했다.

레그 스윙(leg swing)
허리와 엉덩이를 거의 움직이지 않고 다리를 흔드는 스윙 동작을 말한다.

레그 훅(leg hook)

탱고 등에서 사용되는 다리 동작의 하나. 한쪽 무릎을 구부려 다리를 갈고리처럼 만든 뒤 상대의 다리나 신체의 한 부분에 거는 것이다.

레프트 사이드 바이 사이드(left side by side)

남녀가 옆으로 나란히 서서 함께 왼쪽 방향을 향해 있는 것을 말한다.

레프트 새도우 포지션(left shadow position)

여성이 남성의 왼쪽 약간 앞이나 뒤에 서서 같은 방향을 향하는 자세이다.

레프트 에로스(left eros)

여성의 왼쪽 다리가 플로어에서 떨어져 뒤로 차올려지는 동작을 말한다.

레프트 콘트라 포지션(left contra position)

남녀가 왼쪽 옆으로 함께 이동하는 자세를 취하는 것을 말한다.

레프트 턴(left turn)

왼쪽 방향으로 180° 회전하는 것을 말한다.

렌틀러(ländler)

8분의 3박자나 4분의 3박자의 비교적 느린 템포의 춤. 18세기 말~19세기에 걸쳐 오스트리아와 독일 남부 지방에서 성행했다. 19세기 들어 유럽에서 널리 유행했던 왈츠(waltz)가 이 춤에서 변형, 발전된 것으로 알려져 있다. 원래 렌틀러라는 말에 '시골뜨기 춤'이라는 의미가 내포되어 있을 만큼 토속적이고 서민적인 춤이다.

로우어(lower)

라이즈(rise) 한 뒤 정상 위치로 몸을 낮출 때, 발과 발목의 힘으로 가능한 한 속도를 줄여 천천히 내리는 것을 말한다.

로큰롤(rock 'n' roll)

1950년대 중반 미국에서 발생해 세계적으로 유행한 리듬을 말한다. 흑인의 리듬 앤 블루스(rhythm and blues)와 백인의 컨트리(country) 음악 요소가 더해져 강한 비트의 열광적인 음악을 낳았다. 로큰롤 댄스 역시 매우 재미있고 매력적인 춤으로 '싱글 비트 자이브(single beat jive)' 라고 불리기도 한다. 로큰롤 음악의 가장 이상적인 템포는 1분에 40~46소절 정도이다.

로킹(rocking)

스텝을 하지 않고 체중이 없는 발에 체중을 옮기는 것을 말한다.

로킹 스텝(rocking step)

오른발(왼발)을 왼발(오른발) 앞뒤로 엇걸어 번갈아가며 가볍게 선다.

로터리 무브먼트(rotary movement)

중간에 그치지 않는 회전 운동을 말한다.

로터리 왈츠(rotary waltz)

360° 라운드턴(round turn)을 하는 왈츠를 말한다.

로테이션(rotation)

회전하는 것을 의미하는 용어이다.

로테이셔널 무브먼트(rotational movement)

몸의 얼라인먼트(alignment)가 새로운 방향을 향하도록 하는 회전이 일어나는 동작을 일컫는다.

록(lock)

양쪽 발을 앞뒤로 무릎을 포개어 교차시키는 것을 말한다. 전진하는 발의 뒤쪽이나 후진하는 발의 앞쪽에 다른 발을 교차시키는 형태로 이루어진다.

록(rock)

'흔든다' 라는 뜻이다. 체중을 양쪽 발에 바꿔 실어가며 리듬감 있게 몸을 흔드는 동작이다.

록 액션(rock action)

자이브(jive)의 피겨 명칭 중 하나. 카운트는 'Q, Q' 1박자씩이다. Q에 남성의 왼발과 여성의 오른발이 뒤로 옮겨지고, 다시 Q에 남성의 오른발과 여성의 왼발이 플로어에서 살짝 떼었다가 제자리에 놓여지는 동작이다.

록 백(rock back)

체중을 뒤쪽 발에 옮기는 것을 말한다.

록 스텝(rock step)

재빨리 반대쪽 발로 체중을 옮길 수 있도록 무릎에 힘을 주어 내딛는 스텝이다. 반대쪽 발은 플로어에서 떼지 않는다.

록 턴(rock turn)

4박자로 좌회전하는 것을 말한다.

론데(ronde)

원을 그리듯이 발을 돌리는 동작을 말한다.

롤링(rolling)

회전하는 것을 말한다. 샤세(chasse)나 런지(lunge) 등을 한 다음 우회전을 하면서 여성을 원 운동 시키는 동작이다.

루돌프 폴 어웨이(rudolph fall away)

남성이 오른발을 전진하고 무릎을 강하게 구부려서 여성에게 오른쪽으로 론데(ronde)시키며 폴어웨이로 마치는 동작이다.

루즈(loose)

빡빡해서 거북하지 않고 넉넉한 상태를 말한다.

루틴(routine)

'판에 박힌 일' 이라는 뜻. 피겨(figure) 조합의 순서를 정해, 일정한 차례에 따라 춤을 추는 것을 말한다.

루프(loop)

살사 용어로 '고리' 라는 뜻. 춤을 추다가 파트너의 머리 뒤로 손을 넘겨, 마치 덮어씌우는 듯한 동작을 말한다.

룸바(rumba)

라틴아메리카댄스(Latin America dance) 중 하나. 쿠바의 전통적인 춤으로, 그 음악은 타악기와 코러스만으로 연주되며 폴리리듬(polyrhythm)을 가질 만큼 리듬이 복잡하다. 1930년 무렵부터 미국과 유럽 각지로 전파되어 새로

운 사교춤으로 유행했다. 룸바는 그
리듬이 매혹적이면서도 피겨(figure)
가 단순해 춤을 익히기가 비교적 어
렵지 않다. 음악은 4분의 2박자나 4
분의 4박자로 이루어지는데, 연습할
때는 박자를 세기 편하도록 4분의 4
박자로 하는 편이 좋다. 전통 쿠바식
룸바의 경우 1박에서는 엉덩이를 아
주 조금만 옆으로 움직이고 실질적
인 발동작은 2, 3, 4박에서 한다.

룸바 1

룸바 2

룸바 크로스(rumba cross)

피겨(figure)의 명칭 중 하나. 퀵스텝의 네임드 배리에이션(named variation)
으로, 최근 들어 모던볼룸댄스의 각 종목에서 흔히 사용된다.

룸바—백워드룸바 기본동작 1

룸바—백워드룸바 기본동작 2

룸바—알레마나턴

룸바—오픈힙트위스트

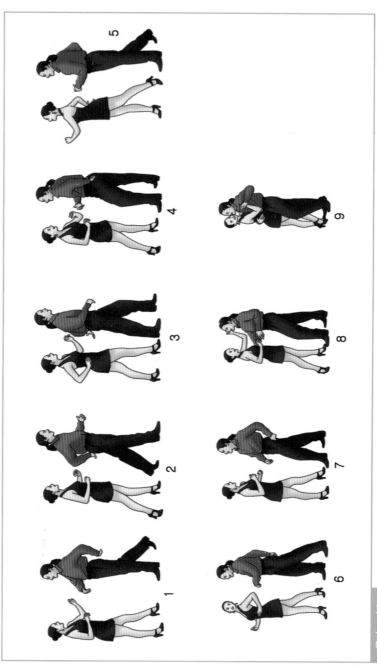

룸바—팬

룸바—포워드룸바기본동작

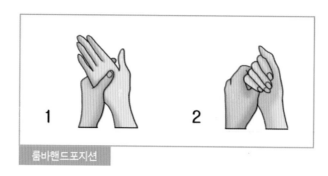

룸바핸드포지션

리드(lead)

일반적으로 남성이 여성의 팔로우(follow)를 자연스럽게 이끌어내는 것을 말한다. 즉 남성이 피겨의 순서와 타이밍, 포지션 등을 여성에게 전하는 것이다.

리드 앤드 팔로우(lead and follow)

원칙적으로 댄스스포츠에서는 남성이 리드(lead), 여성이 팔로우(follow)가 된다. 하지만 남성에게 일방적인 책임이 주어지는 것은 아니고, 서로 호흡이 잘 맞아야 아름답고 흥겨운 동작을 연출할 수 있다.

리드 포지션(lead position)

포크댄스의 기본자세 중 하나. 남성과 여성이 같은 방향으로 나란히 선 뒤, 남성이 자신의 몸 앞에서 여성의 오른손을 오른손으로 잡는 자세이다.

리듬(rhythm)

음악의 박자에는 강약이 있다. 강한 박자가 있는 곳을 악센트라고 하며, 악센트가 있는 박자의 규칙적인 반복을 리듬이라고 한다. 즉 리듬이란 '연주되는 음악의 강약과 장단을 한 마디 속에 배치시킨 상태' 라고 표현할 수 있다. 댄스에서는 리듬을 'S(slow)', 'Q(quick)' 와 같이 구별해서 익히게 되는데 2

박자에 한 스텝을 밟는 것을 S, 한 박자에 한 스텝을 밟는 것을 Q라고 한다.

리듬 댄스(rhythm dance)

형식이 자유롭고 장소에도 크게 구애받지 않는 사교댄스이다. 그 예로 왈츠(waltz), 탱고(tango), 폭스트롯(fox trot) 등을 들 수 있다.

리듬 앤 블루스(rhythm and blues)

블루스(blues)에 스윙(swing) 리듬이 섞여 생겨난 흑인 음악이다. 1940년대 말~1950년대 초에 등장했으며, 블루스에 비해 비트가 강하고 멜로디도 대중적이다. 리듬앤블루스 음악의 가사는 주로 사랑과 인간관계를 노래한다.

리바이벌(revival)

'재생' 이라는 뜻. 한때 유행했으나 그 인기가 사라진 것을 훗날 다시 유행시키는 것을 말한다.

리버스(reverse)

좌회전을 뜻한다.

리버스 박스(reverse box)

왈츠(waltz)의 기본이 되는 스텝이다. 사람이 많아 무대가 좁을 때, 회전을 살짝 추가함으로써 다른 사람들과 충돌 없이 왈츠를 즐길 수 있는 편리한 스텝이다.

리버스 엘오디(reverse LOD)

시계바늘이 도는 방향을 말한다. 약어로, 알엘오디(RLOD)라고 한다.

리버스턴(reverse turn)

춤을 추면서 왼쪽으로 방향을 전환하는 것을 일컫는다. 그와 달리 오른쪽으로 방향을 전환하는 동작은 내추럴 턴(natural turn)이라고 한다.

리버스 피겨(reverse figure)

왼쪽으로 회전하는 피겨를 일컫는다.

리버스 피벗 턴(reverse pivot turn)

왼쪽 방향으로 하는 피벗턴을 말한다.

리칭(reaching)

댄스에서 피해야 하는 동작 중 하나. 몸의 중심이 흐트러질 정도로 보폭을 길게 해 움직이는 것을 말한다. 이 경우 자신뿐만 아니라 파트너의 중심도 허물어져 아름다운 동작을 연출할 수가 없다.

리프(leap)

도약하는 것으로, 러닝(running)보다 약간 높이 뛰어넘는 듯 동작한다. 갤러핑(galloping), 호핑(hopping), 워킹(walking), 점프(jump), 러닝, 스키핑(skipping), 슬라이드(slide) 등과 더불어 댄스의 기본 스텝 중 하나이다.

리프트(lift)

춤을 추면서 파트너를 들어올리는 것을 말한다.

리플(ripple)

'잔물결, 파문' 이라는 뜻. 잔물결이 일렁이듯이 머리와 상체를 흔드는 동작을 말한다.

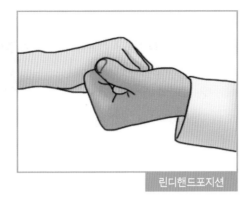

린디핸드포지션

린(lean)

몸이 좌우로 기울어지는 것을 일컫는 스웨이(sway)와 달리, 몸이 전후좌우로 기울어지는 것을 말한다.

린디 합(lindy hop)

스윙(swing) 리듬에 맞추어 추는 사교댄스의 한 종류. 1923년~1928년 무렵 흑인들을 중심으로 크게 유행한 춤이다. 미국에서 생겨난 사교 재즈 댄스 찰스턴(charleston)의 스텝이 변형되어 만들어졌으며, 대서양 무착륙 횡단에 성공한 찰스 린드버그(charles Lindbergh)의 인기를 바탕으로 그 명칭이 고안되었다.

릴트(lilt)

무릎을 굽히고 펼 때 이루어지는 상체의 상하 운동을 말한다. 아울러 바운싱 모션(bouncing motion)을 사용하는 댄스를 일컫기도 한다.

림보(limbo)

원래 의미는 '수용소'라는 뜻. 중앙아메리카에서 발생한 댄스로, 춤을 추면서 허리를 뒤로 꺾어 낮게 가로놓인 막대 밑을 지나가기도 한다. 라인댄스 형태로 즐길 수 있다.

링크(link)

'연결(사슬)' 이라는 뜻. 하나의 스텝에서 다른 스텝으로 옮기는 역할을 한
다. 이를테면 탱고의 프로그레시브 링크(progressive link)는 정면 포지션으
로부터 프롬나드 포지션(promenade position)으로 연결하고, 프롬나드 링크
(promenade link)는 그와 반대로 프롬나드 포지션(promenade position)에서
정면 포지션으로 연결하는 역할을 한다.

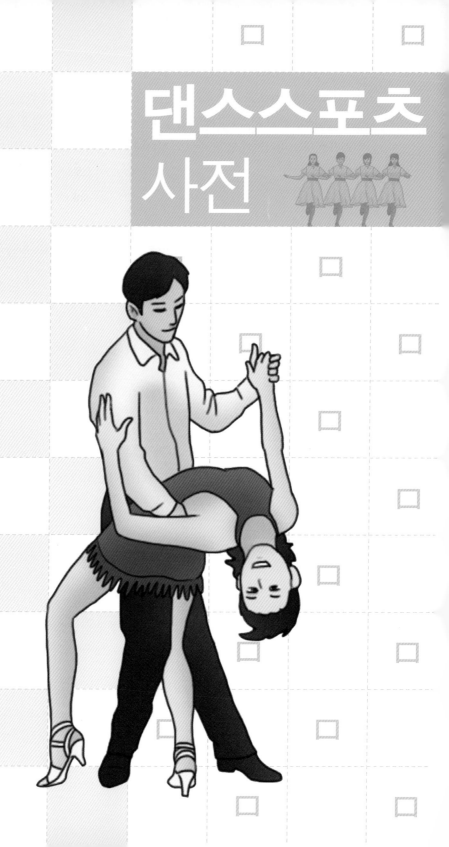

댄스스포츠
사전

마라카스(maracas)

마라카 열매를 말린 뒤, 그 속에 작은 돌멩이나 단단한 씨앗을 넣고 흔들어서 소리를 내는 타악기의 일종. 주로 라틴아메리카 음악에 쓰이는 리듬 악기이다.

마스터(master)

어떤 기술이나 내용을 배워 완전히 익히는 것을 말한다. 즉 숙달, 통달의 의미. 완벽하게 댄스의 기능을 습득해 몸에 익숙하게 하는 것이다.

마운틴 스톰프(mountain stomp)

여러 사람이 큰 원을 그리면서 추는 춤이다. 남녀노소가 함께 즐길 수 있는 믹서댄스(mixer dance)의 일종이다.

마주르카(mazurka)

17세기부터 유행한 폴란드의 민속 춤곡이자, 그 곡에 맞춰 추는 춤을 일컫는다. 4분의 3박자나 8분의 3박자의 경쾌한 리듬이며, 원형으로 둘러선 여러 쌍의 사람들이 흥겹게 발을 구르고 발뒤꿈치를 치는 특징이 있다. 흔히 마주르카 음악에는 백파이프 연주가 이용된다.

마치(march)

포워드 스텝(forward step)처럼 앞으로 나아가는 스텝으로 행진하는 것 같은 동작이다. 아울러 행진할 때 쓰는 반주 음악인 행진곡을 일컫기도 한다.

마크타임(mark time)

제자리걸음을 뜻한다. 쉬르 쁠라스(sur place)라고도 한다.

맘보(mambo)

룸바(rumba)를 기본으로 한 리듬에 재즈(jazz)를 가미한 음악, 또는 그 음악
에 맞춰 추는 춤을 말한다. 라틴아메리카 음악의 한 종류로 쿠바 출신의 음
악가 페레스 프라도(Pérez Prado)가 1943년 무렵 만들어냈다. 이 댄스는 차
차차(cha cha cha) 및 쿠반 룸바(cuban rumba)와 같은 계보이다. 이 춤의 스

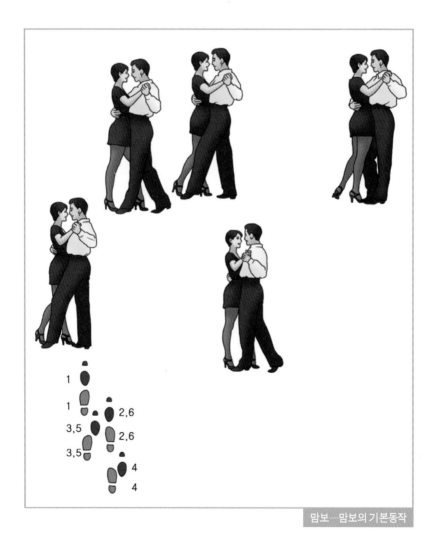

맘보—맘보의 기본동작

맘보 — 경기용모던댄스의상

텝 구성은 룸바와 거의 비슷하지만 음악은 훨씬 더 빠르고 때때로 강세가 바뀌기도 한다. 4분의 4박자나 4분의 2박자로 연주하며, 강렬한 음색과 신선한 음향 그리고 자극적인 리듬이 특징이다. 첫 번째 박자에서 춤추기 시작하는 아메리칸 스타일과 두 번째 박자에서 춤추기 시작하는 쿠바 시스템이 있는데, 전자가 더 널리 보급되었다. 맘보는 댄스파티에서 가장 손쉽게 춤출 수 있는 종목 중 하나로, 멕시코를 거쳐 미국 등 전 세계로 전파되었다.

메렝게 1

메렝게(merengue)

도미니카공화국에서 발생한 라틴 리듬. 1950년대 중반 세계적으로 인기를 끌었다. 흑인들의 축제 무곡(舞曲)으로 두 마디마다 연타 리듬이 들어 있어 흥겹다. 박자는 강한 1, 2 리듬이며, 이것은 메렝게의 특징적인

뛰는 동작을 이용한 2개의 스텝으로 만들어진다. 춤은 공간을 이동하지 않으며 그 자리에서 추고, 남성이 파트너를 8회의 스텝에 맞춰 다양한 형태의 우아하고 느린 턴을 할 수 있도록 리드한다. 음악은 탕부르(tambour)라고 불리는 북으로 연주된다.

메렝게 액션(merengue action)

라틴아메리카댄스에서 널리 유행한 힙 액션(hip action)을 말한다. 스텝 하는 발의 반대쪽 발에 체중을 싣고서 그 쪽 힙을 바깥쪽으로 흔드는 동작이다. 열정적인 분위기를 만드는 데 효과적이다.

메트로놈(metronome)

음악의 속도, 박자를 측정하는 전자식 기계를 말한다.

멕시칸 포지션(mexican position)

우선 파트너와 마주본 뒤 약간 비껴 선다. 이 때 파트너 사이는 너무 가깝지 않게 적당한 거리가 필요하다. 그 다음 남성은 두 손을 허리 뒤에서 맞잡고, 여성은 두 손으로 스커트를 잡는다. 마지막으로 남녀가 상대방을 향해 한쪽

멕시칸포지션

멕시칸홀드포지션

어깨를 내밀면 포지션이 완성된다.

멕시칸 홀드 포지션(mexican hold position)

우선 파트너와 마주본 뒤 약간 비껴 선다. 그 다음 양손을 맞잡고 나서 어깨 높이로 팔을 들어 옆으로 편다.

멤버(member)

4개 등급의 댄스 교사 자격 가운데 2번째로 주어지는 등급이다. 어소시에이트(associate)와 라이센시에이트(licentiate) 사이에 위치한다.

모던볼룸 댄스(modern ballroom dance)

댄스 스포츠의 국제 경기 규정 종목 중 한 분야로 왈츠(waltz), 비엔나왈츠(viennese waltz), 탱고(tango), 퀵 스텝(quick step), 폭스 트롯(fox trot)으로 구분된다. 다른 말로 스탠다드 댄스(standard dance)라고 일컫는다.

모던 재즈(modern jazz)

1940년대에 등장한 팝 형식을 계승해 발전시킨 재즈 음악을 말한다. 원래의 재즈를 바탕으로 클래식 음악 기법을 사용하기도 한 세련된 재즈이다. 흔히 스윙 재즈와 구별하여, 1950년대 이후의 재즈를 일컫는 용어로 쓰인다.

모던화(modern shoes)

모던볼룸댄스를 출 때 신는 신발이다. 남성용은 통풍이 잘 되는 가죽 신발로 윤기가 나며, 신발굽이 라틴화(latin shoes)보다는 조금 낮은 것이 보통이다. 여성용은 발끝이 막힌 일반 정장 구두 스타일인데, 발을 고정시키는 고무줄을 설치해 신축성을 갖도록 한다.

모리다(morida)

탱고 용어 중 하나. 주로 남성이 파트너의 발을 자신의 두 발로 양쪽에서 조이는 동작을 말한다. 샌드위치(sandwich)라고도 한다.

무브먼트(movement)

스텝에 따른 몸의 이동, 움직임, 몸짓을 말한다. 즉 스텝을 제외한 몸과 팔다리의 동작을 일컫는다.

무빙 댄스(moving dance)

동작이 몇 걸음에 걸쳐 이어지는 댄스. 스탠다드 댄스(Standard dance)에서 탱고(tango)를 제외한 퀵 스텝(quick step), 폭스 트롯(fox trot), 왈츠(waltz), 비엔나왈츠(viennese waltz)를 말한다. 다른 이름으로 스윙댄스(swing dance)라고도 한다.

무빙 풋(moving foot)

움직이고 있는 쪽의 발을 말한다. 체중을 지탱하는 발을 일컫는 서포팅 풋(supporting foot)의 상대어이다.

미뉴에트(minuet)

17~18세기 프랑스와 영국을 중심으로 유행한 4분의 3박자의 무곡(舞曲)과 그 무용을 말한다. 프랑스에서는 루이 14세 때 공식 궁정무용이 되었고, 장 밥티스트 륄리(Jean Baptiste Lully)가 미뉴에트를 발레에 도입하기도 했다. 이 용어가 '작다'는 뜻의 프랑스어 'menu'에서 유래된 데서 알 수 있듯 스텝의 폭이 작은 것이 특징이며, 양식화되고 우아한 귀족적인 움직임이 필요하다.

믹서(mixer)

포크댄스에서 하나의 춤을 추는 과정에 수시로 파트너를 바꾸는 것을 말한다. 여러 사람이 짧은 시간 동안 흥겨운 분위기 속에 친목을 도모하는 데 도움이 된다.

믹서댄스(mixer dance)

여러 사람이 함께 즐길 수 있는 혼합 댄스를 일컫는다.

밀롱가(milonga)

탱고(tango)의 아버지라고 할 만한 4분의 2박자의 무곡(舞曲)이다. 하바네라(habanera)와 칸돔베(candombe)의 영향을 받아 1860년 무렵부터 유행했다. 20세기에 접어들면서 잠시 쇠퇴했으나, 1930년대에 탱고 음악가들 사이에 다시 주목받았다. 또한 스페인의 칸테 플라멩코(cante flamenco)에 도입되기도 했다.

바(bar)

'소절'이라는 뜻. 오선지에 그려진 세로선과 세로선 사이를 말한다.

바디 라이즈(body rise)

몸과 다리로만 느끼는 라이즈(rise) 동작. 노 풋 라이즈(no foot rise)라고도 하는데, 발뒤꿈치를 바닥에 붙인 채 상체와 발을 뻗어 일어서는 것이다.

바디 무브먼트(body movement)

댄스에서 몸놀림, 즉 몸의 동작을 의미한다.

바디 스웨이(body sway)

'스웨이' 참조. 몸을 경사지게 하는 동작을 일컫는다.

바디 콘서트(body concert)

프롬나드 포지션(promenade position) 등에서 남성과 여성의 신체 접촉이 일어나는 부분을 일컫는 말이다.

바디 플라이트(body flight)

스윙(swing) 동작에서 느끼게 되는 체중의 자연스러운 해방감을 의미한다.

바뜨망(battement)

발로 킥(kick)을 하거나, 플로어를 스탬프(stamp) 찍듯이 하는 동작을 일컫는다.

바르소비네 포지션(varsovienne position)

포크댄스의 포지션 중 하나. 파트너와 같은 방향으로 나란히 선다. 남성은 왼손으로 여성의 오른손을 어깨 높이보다 낮게 앞에서 잡고, 오른손은 여성의 오른쪽 어깨 위에서 잡는다. 여성이 왼쪽으로 비껴 설 때는 왼손과 오른손의 위치가 바뀐다.

바쎄(base)

탱고의 기본인 8박자 스텝을 말한다.

바운싱(bouncing)

'튀다, 튀어오르다' 라는 뜻. 이를테면 바운스 폴어웨이(bounce fall away)의 1~4보 동작 등을 말한다.

바일라오라(bailaora)

플라멩코(flamenco)의 여성 무용수를 일컫는 말이다.

바일라오르(bailaor)

플라멩코(flamenco)의 남성 무용수를 일컫는 말이다.

바일레 플라멩코(baile flamenco)

플라멩코의 '춤' 을 일컫는 말이다. 집시 문화가 짙게 배어 있는 춤으로 구두 소리와 손뼉 치는 소리, 손가락 퉁기는 소리에 관객들이 장단을 맞추는 소리까지 더해져 흥겹게 전개된다. 요즘은 캐스터네츠를 이용하는 경우가 많다.

박스(box)

사각형 형태로 스텝하는 기본 피겨를 말한다. 카레(carre) 또는 스퀘어(square)라고도 한다.

박스 룸바(box rumba)

룸바(rumba)의 한 종류로, 주로 사교댄스로 이용된다. 그 밖에 룸바의 종류에는 쿠반 룸바(cuban rumba)가 있다.

반도네온(bandoneón)

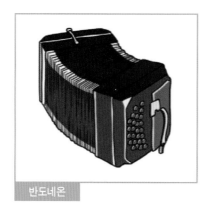

반도네온

초기에 탱고를 연주한 악기는 기타와 플루트, 바이올린이었다. 그러나 시간이 흐르면서 탱고 연주에 가장 중요한 악기로 자리 잡은 것은 반도네온이다. 반도네온은 탱고의 영혼이고, 탱고는 이 악기에 경의를 표하기 위해 만들어진 춤이라는 말이 있을 정도다. 반도네온은 작은 손풍금이라고 할 수 있는데, 네모난 측면과 주름상자로 구성되었으며 단추를 눌러 연주한다.

발레 댄스(ballet dance)

예술 무용의 한 종목. 음악·무대 장치·의상·팬터마임 등을 갖추어서 특정한 주제의 이야기를 종합적으로 표현하는 연극적인 무용이다.

발보아(balboa)

스윙(swing) 리듬에 맞추어 추는 사교댄스의 한 종류이다. 이 명칭은 춤이 기원한 미국 캘리포니아의 지역명인 발보아 반도에서 비롯되었다. 발보아에는 투스텝(two step) 동작들이 합쳐져 있는 한편, 댄스플로어에서 셔플 동작을 하는 것으로 구성되어 있다. 파트너끼리 밀착되어 추는 형태로, 1930~1940년대에 대중적인 인기를 얻었다.

발의 위치

발의 제1포지션은 토(toe)를 연다. 발의 제2포지션은 양 발을 어깨 폭 정도로 연 상태에서 토를 약간 연다. 발의 제3포지션은 오른발의 힐(heel)을 왼발의 움푹 파인 부분에 붙인 상태로 선다. 좌우 반대의 경우도 있다. 발의 제4포지션은 오른발을 왼발보다 앞에 두고 선다. 오른발에 체중을 둔다. 좌우 반대의 경우도 있다. 발의 제5포지션은 오른발의 힐을 왼발의 토 부분에 붙이고 선다. 좌우 반대의 경우도 있다.

배럴 롤(barrel roll)

'배럴' 은 맥주통과 같은 술통을 가리킨다. 스핀(spin) 때의 회전축이 바닥과 수직이 아니고 술통을 굴리는 듯한 회전 동작임을 의미한다. 라틴아메리카 댄스에서는 삼바의 내추럴(natural)이나 리버스(reverse)에서 보이는 것 이외에, 텔레스핀(telespin) 다음에 회전을 계속하는 경우 상급자에 의해 이용될 때가 있다.

배리에이션(variation)

'변화, 변동' 을 뜻한다. 이를테면 음악에서는 변주곡을 'variation' 이라고 한다. 댄스스포츠에서는 베이식피겨(basic figure)를 변형시켜 표준화한 것을 의미한다.

배킹(backing)

무용수가 후진하는 방향을 말한다.

배틀(battle)

'전투, 싸움' 이라는 뜻. 브레이크 댄스(break dance)를 추는 비보이(b-boy)들의 경연(競演)을 의미한다.

백(back)

무용수의 뒤 방향을 의미한다.

백 라인(back line)

한쪽 팔꿈치에서 어깨와 등을 지나, 반대편 어깨와 팔꿈치에 이르는 선을 말한다. 일반적으로 어깨선이 오그라들지 않고 등과 팔꿈치가 편안한 자세를 유지해야 좋은 백라인으로 평가받는다.

백 워드(back ward)

뒤로 물러서는 것, 즉 후퇴를 의미한다.

백 워드 워크(back ward walk)

뒤로 후퇴하는 워크를 말한다. 우선 발을 가지런히 해서 똑바로 선다. 이 때 체중은 발의 볼(ball)을 향해 약간 앞으로 싣는다. 볼을 이용해 뒤로 움직이면서 토(toe)는 플로어를 약간 스친다. 그리고는 볼을 딛고 자세가 낮추어진다. 뒷발이 앞발의 힐(heel)을 지나자마자 앞발의 토가 플로어를 떠나 움직인다.

백코르테(back corte)

탱고 피겨 중 하나. 남성이 사이드 리드(side lead)로 왼발을 후진할 때, 여성이 전진하는 동작이다.

백킹(backing)

'등지고, 배면하고'의 뜻으로 쓰이는 용어. 후진하는 방향을 만든다. 이를테면 파트너를 등지고 있을 때 '파트너에 대해 백킹'한 상태가 된다.

백 투 백 포지션(back to back position)

파트너끼리 서로 등을 지고 있는 상태를 일컫는다.

백페더(back feather)

폭스 트롯의 피겨(figure) 명칭 중 하나. 남성이 후진하고 여성이 전진하는 페더 스텝(feather step)을 말한다.

밸런스(balance)

체중을 배분해 몸의 균형을 유지하는 것을 말한다. 발의 움직임에 따라 체중을 이동시키고 균형을 유지하는 상태이다. 두 다리가 벌어져 있을 때는 그 사이에 중심이 있고, 두 다리가 모여 있을 때는 체중을 지탱하고 있는 한쪽 다리 바로 위에 중심이 있다.

밸런스 스텝(balance step)

실제로 이동하지 않은 채 왼발, 오른발에 리듬감 있게 체중을 바꾸어 싣는 운동이다. 흔히 다음 피겨(figure)로 옮겨가는 준비 운동으로 이용된다.

버즈 스텝 스윙(buzz step swing)

파트너와 홀드 한 채 서로 오른발이 축이 되게 하여 잔걸음으로 클락와이즈(clockwise)로 회전하는 것을 말한다.

버즈 스텝 스윙 포지션

버터플라이 포지션(butterfly position)

포크댄스의 포지션 중 하나. 파트너와 마주보고 선 뒤, 여성의 어깨 높이로 두 손을 자연스럽게 벌려 잡는다.

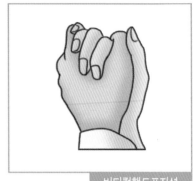

버티컬핸드포지션

베이식(basic)

기본 스텝을 일컫는 말이다.

베이식 리듬(basic rhythm)

댄스의 기초 리듬을 일컫는다.

베이식 스텝(basic step)

댄스에서 기본이 되는 틀을 말한다.

베이식 피겨(basic figure)

어떤 댄스의 특징을 표준화시킨 피겨(figure)이다. 다시 말해 각 종목의 기초
적인 테크닉이 되는 피겨를 말한다.

벨트포지션

벤더릴러스(banderillas)

파소도블레의 피겨(figure) 명칭 중 하나. 원래 이 단어는 투우에서 소의 급소를 찌르는 창이라는 뜻이다. 남성은 왼손을 여성의 오른쪽 골반에 갖다댄 채, 마치 여성이 소인 양 몸을 똑바로 펴고 강하게 응시하며 동작을 시작한다. 이 때 여성은 무릎을 굽혀 자세를 낮추고 남성을 바라본다.

벽사(DW)

'디아고날 투 월(diagonal to wall)'의 약어. LOD(line of dance)를 중심으로 벽 쪽으로 45° 회전한 방향이다.

보(bow)

댄스에서 남성 무용수의 정중한 인사를 말한다. 우선 양 발을 가지런히 한 다음 오른발을 조금 뒤로 빼고 무릎을 편다. 왼손은 허리 뒤에 놓고, 오른손은 팔꿈치부터 구부려 몸 앞쪽에 놓아 수평을 유지하면서 상체를 약간 앞으로 굽힌다.

보드 빌 댄서(vaudeville dancer)

20세기 초 극장 무대에서 노래를 부르며 춤을 추던 배우를 말한다.

보사 노바(bossa nova)

1960년대 초 브라질에서 생겨난 새로운 리듬의 음악이다. 삼바(samba)에 모던재즈(modern jazz)가 더해진 것인데, 지적이고 차분한 분위기를 띤다. 보사 노바라는 용어는 포르투갈어로 '새로운 감각'이라는 의미를 갖고 있다. 때때로 보사 노바는 재즈적인 삼바라고 불리기도 하며, 그 음악에 대한 연주상의 변화로 보사 노바 댄스가 생겨났다.

보스 핸드 포지션(both hand position)

포크댄스의 포지션 중 하나. 파트너와 마주보고 선 뒤, 앞에서 두 손을 잡는다.

보타 포고스 앤드 볼타스(bota fogos and voltas)

디스코 삼바(disco samba)에서 사용하는 스텝. 회전과 제자리 스텝, 어크로스, 커브, 사이드 스텝 등이 섞여 되풀이되는 꽤 복잡한 스텝이다.

본 셸(born shell)

왈츠 등에서 남녀가 모두 왼발로 일제히 외측으로 론데(ronde) 하는 피거이다. 그 모습이 마치 조개가 입을 열고 있는 것처럼 보인다는 데서 붙여진 명칭이다.

볼(ball)

엄지발가락 뿌리 부분 아래의 볼록한 곳을 말한다. 이따금 무도회(舞蹈會)라는 의미로 사용되기도 하는데, 그것은 제1차 세계대전 이전의 사교댄스가 주로 볼과 발끝으로 춤을 추었다는 데서 유래한다.

볼레로(boléro)

18세기에 생겨난 스페인의 민속무용 또는 그 춤곡을 말한다. 4분의 3박자이며, 캐스터네츠로 리듬을 반주하는 경우가 많다. 스페인 남부 안달루시아 지방의 춤 및 춤곡인 판당고(fandango)의 변종으로 알려져 있다.

볼룸 댄스(ballroom dance)

'사교춤' 이라는 뜻이다. 사교적인 즐거움을 위해 2명 내지 그 이상의 사람들이 함께 추는 춤을 말한다. 왈츠(waltz), 탱고(tango), 차차차(cha cha cha) 등을 비롯해 블루스(blues), 부기우기(boogie woogie), 트위스트(twist) 등도 볼룸댄스이다.

볼룸 홀드(ballroom hold)

라틴아메리카 댄스가 아닌 일반적 댄스에서 남녀가 춤을 추기 위해 짝을 짓는 것을 일컫는 말이다. 다른 용어로 크러시 댄스 홀드(crush dance hold)라고도 한다.

볼레오(boleo)

탱고 용어 중 하나. 한쪽 다리로 반대편 다리를 감는 듯한 동작을 말한다.

볼룸(ballroom)

격식을 갖춘 무도회장을 의미한다.

볼 체인지 액션(ball change action)

발을 볼(ball)로 선 채 같은 음악의 타임 밸류(time value) 속에서 다른 쪽 발에 체중을 옮기고, 그 자리에서 또 그 이전의 발로 체중을 옮기는 동작을 말한다. 주로 삼바(samba)나 디스코(disco) 등에서 사용되는 동작이다.

볼타(volta)

삼바 피겨(figure) 명칭. 볼타무브먼트에는 트레블링볼타, 서큐러볼타, 사팟볼타 등이 있다. 빠른 발동작을 사용하는 것이 특징이다.

볼 플랫(ball flat)

스텝을 하는 중에 먼저 볼(ball)이 플로어에 닿은 뒤 발바닥 전체가 평평하게 닿는 것을 말한다.

볼 힐(ball heel)

스텝을 하는 중에 볼(ball)이 플로어에 닿고 나서 체중을 힐(heel)로 옮기는 것을 일컫는다. 흔히 여유 있게 뒷걸음질을 칠 때 이용되는 동작이다.

봉고(bongo)

라틴아메리카 음악에 주로 쓰이는 타악기. 크기가 다른 2개의 단면 드럼을 붙여 만든다. 큰 드럼은 지름 23센티미터, 작은 드럼은 지름 18센티미터 정도이다. 연주할 때는 앉아서 무릎 사이에 악기를 끼운 뒤 양손의 손가락으로 두드리는 것이 기본자세이다.

부기 우기(boogie woogie)

블루스에서 갈라져 나온 재즈의 한 형식이다. 한 소절을 8박으로 연주하는데, 저음의 리듬이 계속되면서 멜로디가 거듭 화려하게 변주된다. 그에 맞춰 추는 부기 우기 댄스는 스윙(swing) 리듬에 어울리는 사교댄스의 한 종류로 볼 수 있다. 1930년대 미국에서 유행했으며, 발 스윙과 무릎을 좌우로 흔드는 것이 특징이다.

브러시(brush)

한 발이 다른 발의 발목을 가볍게 스쳐 지나가는 스텝 동작이다. 서포팅 풋(supporting foot)에 무빙 풋(moving foot)을 스치듯 끌어당긴 다음 스텝을 한다. 이를테면 내추럴 스핀 턴(natural spin turn)에서 여성의 6보째 등을 예로 들 수 있다.

브러시 스텝(brush step)

남성이 풀 스텝(pull step)을 할 때, 그것에 대한 여성의 스텝을 말한다. 이 때 여성은 전방 회전을 하여 몸을 가볍게 남성에게 닿으며 후진하는 스텝을 한다. 이를테면 폭스 트롯(fox trot) 내추럴 턴의 여성 6보째 등을 예로 들수 있다.

브레이크(break)
무용수가 움직임을 중단하는 것을 말한다.

브레이크 댄스(break dance)
1970년대 초반 미국 뉴욕에서 발생한 춤이다. 뉴욕의 5개 자치구 가운데 하나인 브롱크스(Bronx) 지역에 거주하던 아프리카계 흑인들 사이에서 처음 유행했으며, 1980년대 들어 각종 매스미디어에 소개되면서 그 인기가 세계로 퍼져나갔다. 브레이크댄스는 다른 이름으로 비보잉(b-boying)이라고 불리는데, 보잉(boying)은 '껑충 뛰어오르다'라는 뜻을 가진 아프리카어 'booing'에서 유래된 것으로 알려져 있다. 비보잉의 앞에 붙는 'b'는 'break dancing'을 의미한다. 브레이크댄스의 주요 동작으로는 윈드밀(windmill), 헤드스핀(head spin), 토머스(thomas) 등이 있다.

브로큰 스웨이(broken sway)
허리에서 그 위쪽을 접어 구부리듯이 기울이는 스웨이를 말한다.

브리지 댄스(bridge dance)
트위스트 차차차의 다른 명칭이다.

블랙풀 댄스 페스티벌(Blackpool Dance Festival)
가장 오랜 전통과 세계 최고 수준을 자랑하는 댄스스포츠 대회. 1920년 영국 중서부의 작은 휴양 도시 블랙풀에서 시작되어, 제2차 세계대전 중 5년간을 제외하고는 매년 대회를 이어오고 있다.

블렌딩(blending)

'조합, 혼합, 융합'이라는 뜻. 댄스 동작들을 부드럽고 자연스럽게 기술적으로 조합하는 것을 말한다.

블루스(blues)

19세기 중반 미국 흑인들 사이에서 발생한 두 박자나 네 박자의 애절한 악곡이며, 또한 그 느린 곡조에 맞춰 추는 춤을 말한다. 음악으로서 블루스는 장조와 단조가 뚜렷이 구별되지 않는 애가(哀歌)로, 재즈에 도입돼 중심적인 바탕이 되기도 했다. 춤으로서 블루스는 스윙(swing) 리듬에 맞추어 추는 사교댄스의 한 종류이다. 다시 말해 서아프리카 리듬과 유럽의 음악에 파트너 댄스를 결합시킨 것이 블루스 댄스라고 할 수 있다. 초기 블루스는 원스텝(one step) 또는 투스텝(two step) 형태였다. 즉 파트너와 한 박에 한걸음씩 움직이거나 한 박은 제자리에서 바운스를 주고 다른 한 박은 이동을 위해 사용하는 식이었다. 그러나 오늘날에는 일정한 스텝이나 형식보다 파트너와 느끼는 교감과 음악에 대한 감정을 중요시하는 경향이 있다.

비걸(b-girl)

브레이크 댄스(break dance)를 추는 여성을 일컫는다. 브레이크 댄스를 추는 남성의 경우 '비보이(b-boy)'라고 한다. 비걸(b-girl) 앞에 붙는 'b'는 'break dancing'을 의미한다.

비기너(beginner)

댄스를 시작한 지 얼마 안 된 초보자를 일컫는 말이다.

비보이(b-boy)

브레이크 댄스(break dance)를 추는 남성을 일컫는 용어이다. 브레이크 댄스를 추는 여성의 경우 '비걸(b-girl)'이라고 한다. 비보이(b-boy) 앞에 붙는 'b'는 'break dancing'을 의미한다.

비보잉(b-boying)

브레이크 댄스(break dance) 참조. 1970년대 초반 미국 뉴욕 브롱크스 (Bronx) 지역에 거주하던 아프리카계 흑인들 사이에서 처음 생겨난 춤으로, 브레이크댄스의 다른 이름이다.

비엔나 왈츠(viennese waltz)

스탠다드 댄스(standard dance) 종목 중 하나. 오늘날 왈츠(waltz)라고 하면 흔히 영국식 왈츠를 일컫는다. 그것은 슬로우 왈츠(slow waltz)로, 비엔나왈 츠는 그보다 템포가 2배 정도 빠르다. 그 속도는 1분에 56~60소절로 연주된 다. 왈츠 장르가 여러 종류로 확대되면서 오스트리아 수도 빈의 음악가들이 작곡한 경쾌한 왈츠를 다른 것들과 구별하기 위해 만든 용어가 바로 비엔나 왈츠이다. 원래 비엔나왈츠는 남녀가 시계 방향이나 그 반대 방향으로 계속 라운드 턴(round turn)을 하며 스텝을 밟는 형식이었는데, 세월이 흐르면서

비엔나 왈츠 1

비엔나 왈츠 2

비엔나 왈츠 3

파트너끼리 위치를 바꾸는 등 자유로운 동작들이 가미되었다.

비트(beat)

스트라이크(strike)가 한 번씩 때리는 것에 비해, 비트는 연속해서 때리는 것을 의미한다. 댄스나 음악의 경우, 연주되는 소절 안의 각 박자를 일컫기도 한다.

비트 밸류(beat value)

각 스텝의 시간적 길이를 말하며, 타임 밸류(time value)라고도 한다. 이를테면 왈츠의 샤세 프럼 PP의 경우 리듬이 '1, 2, 3, 1, 2, &, 3' 이면 비트 밸류는 '1, 1, 1, 1, 1/2, 1/2, 1' 이다. 탱고의 브러시 톱의 경우 타이밍이 'Q, Q, &, S' 이면 비트 밸류는 '1/2, 1/4, 1/4, 1' 이다.

비트 퍼 미닛(beats per minute)

비피엠(BPM) 참조.

비피엠(BPM)

'비트 퍼 미닛(beats per minute)' 의 약어이다. 음악의 속도를 숫자로 표시한 것으로, 그 수가 클수록 빠르다. 일반적으로 비피엠의 시간 단위는 1분이다.

빈 왈츠(wiener walzer)

비엔나 왈츠(viennese waltz)의 독일어 식 표기법이다.

빠소 바시꼬(paso basico)

탱고의 기본 동작으로, 6~8박자로 스텝을 밟는 것을 말한다.

삐루에뜨 턴(pirouette turn)

오른발을 옆으로 스텝하고 왼발을 굽히고 뒤로 올려 오른발로 돈다. 또는 왼발을 옆으로 스텝하고 오른발로 굽히고 뒤로 올려 왼발로 돈다.

댄스스포츠
사전

사교댄스(social dance)

사교춤. 사교(社交)를 목적으로 축제나 연회 등에서 남녀 한 쌍이 추는 춤을 말한다. 주로 남성이 여성을 리드하는 형식이다.

사교댄스 경기

'댄스스포츠 경기' 참조.

사교댄스 역사

일반적으로 사교댄스는 16~17세기 무렵 프랑스 궁정에서 추었던 코트댄스(court dance)에서 시작된 것으로 본다. 코트 댄스는 궁정 무용을 말하는데 미뉴에트(minuet), 파반느(pavane), 쿠랑트(courante) 등을 일컫는다. 그 시기 민중들은 포크댄스(folk dance) 등을 즐겼다. 그 후 18세기에는 콩트르당스(contredanse)와 카드리유(quardille)가 유행했고, 19세기에는 왈츠(waltz)의 시대가 열렸다. 아울러 당시에는 스퀘어댄스(square dance)와 폴카(polka) 등도 큰 인기를 끌었다. 그리고 20세기 들어서는 폭스트롯(fox trot)과 원스텝(one step), 찰스턴(charleston) 등 더욱 다양한 사교댄스들이 출현했다.

사이드바이사이드

사까다(sacada)

탱고 용어로, 파트너의 다리 밑으로 자신의 다리를 넣으면서 걸어내는 듯한 동작을 말한다.

사이드 리딩(side leading)

전진 또는 후진을 할 때에 무빙풋과 같은 쪽의 몸을 움직이는 것이다.

사이드 바이 사이드(side by side)

남성과 여성이 옆으로 나란히 늘어서서 같은 방향을 향해 있는 것을 말한다.

사이드 밸런스(side balance)

옆으로 하는 밸런스 스텝(balance step)을 말한다.

사이드 샤세(side chasse)

옆으로 하는 샤세를 말한다. 샤세는 쓰리스텝(three-step)으로 발을 벌리고, 모으고, 벌리는 연속 동작이다. 일반적으로 퀵(quick), 퀵(quick), 슬로우 (slow)의 리듬에 맞춘다.

사이드 스웨이(side sway)

한쪽 발을 옆으로 스텝 한 뒤, 무릎을 가볍게 하여 채 다른 쪽 발을 뻗고 몸을 약간 기울이는 동작이다.

사이드 스텝(side step)

기본 스텝의 전진과 후퇴 때 연결을 위해 사용하는 스텝이다. 여성의 좌우 턴(turn)에 사용되는 경우가 많다.

사파테아도(zapateado)

플라멩코(flamenco)에서 구두 끝과 발꿈치로 마루바닥을 차는 기교를 말한 다. '구두' 를 뜻하는 'zapat' 에서 유래된 용어이다.

살리다(salida)

'출구' 라는 뜻. 탱고에서 바쎄(base), 즉 스텝의 출발을 말한다.

살리다 끄루싸다(salida cruzada)

탱고 용어 중 하나. 3번째 박자에서 남성이 왼발로 나가는 스텝을 말한다.

살사(salsa)

살사

1940년대에 생겨나 1950년대 미국 뉴욕으로 이주한 쿠바인과 푸에르토 리코인들이 발전시킨 댄스음악이다. 전형적인 라틴 음악에 재즈를 비롯한 미국적 리듬 스타일이 섞여 있다. 살사 음악은 일반적으로 한 마디에 똑같은 4박자의 리듬이며, 그 박자에 맞추어 3번의 스텝과 1번의 탭(tab)으로 춤을 춘다. 그러나 기본적인 살사 동작이 발전해감에 따라 4박자의 리듬은 춤에서 한 마디에 단지 3번의 스텝만을 하게 되었다. 이 경우 춤을 추는 사람은 'Q, Q, S'로 한 박자를 더 이용한다. 보통 한 커플이 함께 하는 다른 춤 스타일과 달리 살사는 다른 파트너와도 자주 춤을 추게 된다. 그러므로 남성이 파트너를 분명하고 편안하게 리드하는 것이 매우 중요하다. 살사는 건전하고 율동감이 넘치는 춤으로 라틴아메리카의 마을 축제나 파티에서 널리 유행했다. 살사라는 말은 소금을 뜻하는 스페인어 'sal'과 소스를 뜻하는 'salsa'에서 유래된 것으로 알려져 있다.

살사 댄스(salsa dance)

살사(salsa) 리듬에 맞춰 추는 열정적인 춤이다. 남녀가 손을 마주잡은 채 밀

살사의 기본동작

살사 악기

살사 댄스 1

살사 댄스 2

살사―리딩앤폴러윙

살사―백워드 살사 기본동작

살사슈즈

살사의상

살사─암록턴투 더 라이트

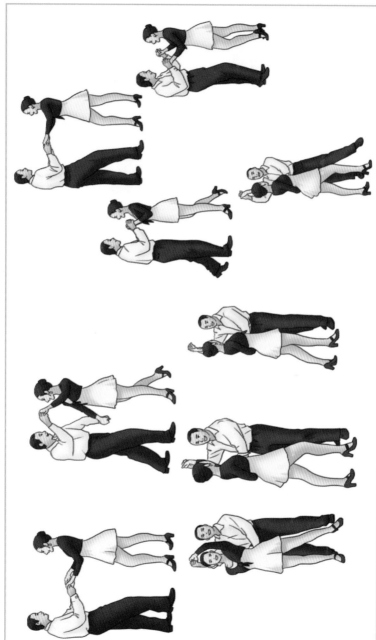

살사—체인징플레이스턴

살사—턴 준비하기

살사─파챠냐크로스스위블

살사─피켜오브에잇

살사 ─ 포워드와 백워드 기본동작

살사―피켜오브에잇위드더블핸드홀드

살사―하프턴

살사 — 하프턴 앤 체인징 사이드

| 살세라 | 살세로 |

고 당기는 기본 스텝과 복잡한 회전 등을 엮은 응용 동작으로 이루어지는데, 남아메리카에서는 축제 때 많은 사람들이 흔히 즐길 만큼 격정적이면서도 대중적이다.

살세라(salsera)

살사를 추는 여성을 일컫는 말이다.

살세로(salsero)

살사를 추는 남성을 일컫는 말이다.

삼바(samba)

라틴아메리카댄스(Latin America dance) 중 하나. 브라질 흑인계 주민들이 즐기기 시작한 춤 또는 그 춤곡을 말한다. 매우 빠르고 정열적인 특징이 있으며, 4분의 2박자가 기본이지만 때로는 4분의 4박자로 춤을 추는 경우도 있다. 삼바는 초보자부터 경험이 풍부한 무용수까지 모두 부담 없이 즐길 수 있는 볼룸댄스이다. 템포는 1분당 45~65소절로 상당히 다양한 편인데 가장 이상적인 것은 1분당 50소절로 보고 있다. 삼바는 지역과 춤의 형태 등에 따

라 리우데자네이루 삼바라는 뜻의 삼바 카리오카(samba carioca)와 삼바 디 모로(samba di morro), 삼바 바투카다(samba batucada) 등으로 나뉜다. 그 중 오늘날처럼 사교댄스의 면모를 갖춘 것은 삼바 카리오카(samba carioca)로, 일반적으로 삼바라고 하면 이것을 가리킨다.

삼바 레게(samba reggae)

삼바 레게 1

삼바 레게 2

삼바 레게 3

삼바 레게 4

삼바 레게 5

삼바 레게 6

삼바에서 쉽고 재미있게 변형된 춤이다. 파트너 없이 혼자 출 수 있다. 브라질 북동쪽 바히아(Bahia) 지역에서 발생했고, 음악은 삼바와 레게의 중간 형태이다. 활발하고 매혹적인 분위기로, 리더인 솔로 무용수가 앞을 보고 춤을 추면 그 뒤에서 줄을 서거나 편하게 선 상태로 따라 하는 에어로빅 비슷한 형태이다.

삼바 바운스(samba bounce)

삼바에서 무릎의 탄력에 의한 몸의 위아래 움직임을 말한다. 삼바는 무릎의 굴절 운동을 활발히 사용해 몸을 가볍게 바운스 하는 특징이 있다.

삼바 워크(samba walk)

삼바를 출 때의 워크를 뜻한다. 이동 폭이 넓은 동작이므로 엘오디(LOD)에 유의해야 한다.

삼바 카리오카(samba carioca)

삼바가 유럽으로 전해져 실내에서 추는 사교댄스로 발전된 것을 특별히 이런 명칭으로 일컫는다.

샌드위치(sandwich)

여성의 왼발이 남성의 발 사이로 끼어들어가는 동작을 말한다. 모리다

삼바—사이드삼바웍

삼바—스트럿

삼바—액션

삼바—트레블링볼타 1

삼바 — 트레블링볼타 2

삼바 — 휘스크투더라이트

삼바 - 휘스크투더레프트

샌드위치

(morida)라고도 한다. 스페인어로 샌드위치는 상구치또(sanguchito)이다.

샤세(chasse)

쓰리스텝(three-step)으로 발을 벌리고, 모으고, 벌리는 연속 동작이다. 일반적으로 퀵(quick), 퀵(quick), 슬로우(slow)의 리듬에 맞춘다. '한쪽 발을 다른 쪽 발이 쫓아가는 듯한다'는 의미의 발레 용어 'chassé'에서 유래되었다.

샤세 롤(chasse roll)

롤링(rolling)을 동반한 샤세(chasse)를 말한다.

샤세 턴(chasse turn)

회전 동작과 함께 하는 샤세(chasse)를 말한다. 이를테면 퀵 스텝의 샤세 리버스턴이나 프로그레시브 샤세 등에서 실시된다.

서클(circle)

'원(圓)'이라는 뜻으로, 활동이나 교제의 범위를 의미하는 용어이다.

서클 댄스(circle dance)

포크댄스에서 둥글게 원을 그리며 추는 춤을 말한다. 클로즈드 서클 댄스(closed circle dance)와 오픈 서클 댄스(open circle dance)로 구분할 수 있다.

서클 라이트(circle right)

스퀘어 댄스(square dance) 동작에 관한 용어. 원형으로 손을 잡고 오른쪽으로 걸어가는 동작을 말한다.

서플레이스

서클 레프트(circle left)

스퀘어 댄스(square dance) 동작에 관한 용어. 원형으로 손을 잡고 왼쪽으로 걸어가는 동작을 말한다.

서클링 샤세(circling chasse)

파소 도블레의 피겨(figure) 중 하나. 천천히 돌면서 샤세 동작을 하는 것을 말한다. 남성이 진행할 방향을 잡기 위해 행하는 피겨로 사용된다.

서클포메이션(circle formation)

여러 사람이 줄지어 정렬한 형태인 '대형(隊形)'을 뜻하는 포메이션(formation)의 하나. 모든 사람이 원 둘레에 늘어서는 것이다.

서포팅 풋(supporting foot)

체중을 지탱하는 발을 말한다. 무빙 풋(moving foot)의 상대어이다.

세계댄스 · 댄스스포츠평의회(World Dance & Dance Sport Council)

1950년 프로 댄스 경기의 국제 행사를 관리하기 위해 설립된 국제볼룸댄스

세미오픈포지션

세퍼레이션

평의회(International Council of Ballroom Dancing ; ICBD)가 1993년부터 이 명칭으로 바뀌었다. 약칭은 더블유디앤드디에스씨(WD & DSC)이다.

세궤이(segue)

두 종목 이상의 댄스를 하나의 작품으로 정리하여 메들리 형식으로 추는 것을 말한다.

세미 클로즈드 포지션(semi closed position)

클로즈드 포지션(closed position)에서 약간 시계 반대 방향으로 몸을 돌려 파트너와 함께하는 자세를 말한다.

세임 풋(same foot)

남녀가 오른발 또는 왼발을 동시에 스텝하는 것을 말한다. 이를테면 세임 풋 런지(same foot lunge)가 그렇다. 남성이 발을 바꾸는 것이 원칙이다.

센스(sense)

사물과 현상에 대한 감각이나 판단력을 의미한다. 댄스 스포츠에서는 춤에 관한 '미묘한 감각'을 일컫는다.

센터(center)

무도장의 한가운데를 의미한다.

센트럴 밸런스(central balance)

두 다리를 벌리고 있을 때 그 중심이 중앙에 있는 것을 말한다.

션트(shunt)

'선로를 바꾸다' 라는 뜻. 양쪽 발을 모아 무릎을 부드럽게 한 뒤 전후좌우로 미끄러지듯 이동하는 동작을 말한다.

소셜 댄스(social dance)

사교 댄스를 일컫는 말이다.

소울 뮤직(soul music)

'영혼의 음악' 이라는 뜻. 미국의 절망적인 노예 제도에서 싹을 틔워, 1950년대 말 새로운 흑인 음악 장르로 자리를 잡았다. 흑인들의 눈으로 사회 비리를 고발하며 투쟁 정신을 고취시키는 등 감정적인 표현과 메시지 전달에 무게를 둔 음악이다. 따라서 그 음색 또한 흐느끼는 듯 격정적이다. 레게(reggae)에도 솔뮤직의 요소가 깃들어 있다.

소울 댄스(soul dance)

디스코 댄스(disco dance)의 다른 이름이다.

솔로디스코(solo disco)

비주류에서 시작된 춤으로, 모든 구속으로부터 벗어나고 싶어 하는 젊은이들의 영혼의 몸짓이라고 할 수 있다. 파트너를 필요로 하지 않으며, 모든 동작이 매우 자유롭다. 다른 이름으로 프리크 디스코(freak disco)라고 한다.

쇼 탱고(show tango)

쇼탱고

대중에게 가장 널리 알려진 스타일의 탱고이다. 최근 브로드웨이 등에서 보여주는 숨 막힐 듯한 멋진 탱고를 말한다. 이것은 형식화된 무대용 작품이며, 부에노스아이레스에서 전통적으로 추어왔던 춤보다 오늘날 탱고 클럽, 무용 학교, 살롱 등에서 더 많이 볼 수 있다.

쇼티쉬 스텝(schottische step)

오른발, 왼발, 오른발을 스텝하여 홉하고, 왼발을 약간 앞으로 스윙한다. 기본스텝은 스텝, 스텝, 스텝 홉이다.

숄더 리딩(shoulder leading)

볼룸댄스에서 '사이드 리딩'이라 한다. 전진 또는 후진을 할때에 무빙풋과 같은 쪽의 몸을 움직이는 것이다.

숄더웨이스트 포지션(shoulder-waist position)

포크댄스의 포지션 중 하나. 파트너와 마주보고 서서 여성은 두 손을 남성의 어깨 위에 놓고, 남성은 두 손으로 여성의 허리를 가볍게 잡는다. 아울러 두 팔을 곧게 펴고, 상체는 약간 뒤로 젖힌다.

숄더웨이스트 포지션

수자(suiza)

차차차 배리에이션(variation)의 하나. 홀드하지 않은 오픈포지션 (open position) 상태로 동작이 진행된다.

쉐네 데 다메(chaine des dames)

프랑스의 사교댄스에서 여성이 먼저 남성의 오른손을 잡고 지나간 다음 왼손을 남성에게 내밀면, 남성이 여성을 회전시켜 자기 옆에 세우는 동작이다.

쉐이크(shake)

신체 중 지정된 부분을 흔드는 것을 말한다.

쉬러그(shrug)

두 손바닥을 위로 향하면서 어깨를 움츠리는 듯한 동작이다. 탱고의 스패니시 드래그(spanish drag)에서 여성이 두 어깨를 움츠리고 좀더 능동적인 몸짓을 하는 것을 예로 들 수 있다.

슈 샤인(shoesshine)

탱고 동작 중 하나. 남성이 무릎을 약간 구부린 자세로, 오른발을 살짝 들어 마치 구두를 닦는 것처럼 왼발 정강이의 위아래를 문질러 준다. 음악의 박자

슈 샤인

에 유의해야 한다.

스루어웨이 오버스웨이(throwaway oversway)

남성이 오버스웨이보다 몸을 많이 회전해, 여성의 왼발이 남성의 왼쪽으로 열려 마치도록 추는 피겨(figure)이다.

스무스(smooth)

동작이 매끄럽고, 유연하고, 원활한 것을 의미한다. 또한 바운싱(bouncing)을 사용하지 않고 수평적으로 부드럽게 움직이는 댄스를 가리키기도 한다.

스우프(swoop)

'덮친다, 급습한다' 라는 뜻. 프롬나드포지션(promenade position)에서 회전이 많은 내추럴 폴 어웨이(natural fall away) 다음에 강한 우회전을 계속하고 세임 풋 런지(same foot lunge) 등으로 이어지는 피겨이다.

스웨이(sway)

몸이 좌우로 기울어지는 것을 말한다. 일반적으로는 무빙 풋(moving foot)에서 몸이 떨어져 회전하는 안쪽 방향으로 기울어진다.

스웨이 체인지(sway change)

오른쪽에서 왼쪽, 또는 왼쪽에서 오른쪽으로 스웨이를 전환하는 것을 말한다.

스위블(swivel)

한쪽 발의 볼(ball)로 회전하는 것을 말한다. 크로스 스위블(cross swivel)의 남녀 제1보 등을 예로 들 수 있다.

스위블 체어(swible chair)

메렝게의 새로운 느낌을 주고, 복잡한 공간에서 춤을 출 때 유용하게 할 수 있는 동작이다. 시계 반대 방향으로 진행하며 여성이 남성 주위에서 연속적으로 스위블을 하게 된다. 남성은 오른발로, 여성은 왼발로 선 상태에서 클로즈드 홀드(closed hold)로 시작한다.

스위치(switch)

회전을 반대로 바꾸는 것을 말한다. 이를테면 내추럴 스핀 턴(natural spin turn)의 제5보에서 몸을 오버 턴(over turn) 한 뒤, 계속해서 리버스(reverse) 계통의 피겨를 할 때에 두 발을 이용해 왼쪽으로 회전 방향을 바꾸는 것이다.

스윙1(swing)

재즈(jazz) 연주에서 규칙적으로 반복되는 약동적인 리듬감을 일컫는 말이다. 스윙 리듬은 당김음을 이용하고 정박자에 비해 박자가 약간 빠르거나 늦으면서 리듬감을 만들어내는데, 그것을 바탕으로 한 연주 스타일이 스윙재즈(swing jazz)이다. 미국 뉴욕을 중심으로 1930년대 중반부터 10여 년 동안 유행했으며, 지금도 여전히 재즈 연주의 중요한 부분을 차지한다.

스윙2(swing)

상체 또는 발을 그네처럼 흔들어 앞뒤나 좌우로 움직이거나 회전하는 동작을 일컫는다. 그 형태에 따라 포워드 스윙(forward swing), 사이드 스윙(side swing), 백 스윙(back swing), 로터리 스윙(rotary swing) 등으로 분류할 수 있다.

스윙 댄스(swing dance)

스윙(swing) 리듬에 맞춰 즐기는 춤을 일컫는다. 세부 종류에는 지터벅 (jitterbug), 린디 홉(lindy hop), 블루스(blues), 부기 우기(boogie woogie), 발 보아(balboa), 쉐그(shag), 웨스트 코스트 스윙(west coast swing)이 있다. 이 가운데 대중적으로 가장 잘 알려진 것은 린디합이다.

스윙 댄스(swing dance)

몇 걸음에 걸쳐 동작이 이어지는 댄스를 말한다. 스탠다드 댄스(Standard dance)에서 탱고(tango)를 제외한 왈츠(waltz), 비엔나왈츠(viennese waltz), 퀵 스텝(quick step), 폭스 트롯(fox trot)이 그것이다. 무빙댄스(moving dance)라고도 한다.

스윙 댄서(swing dancer)

스윙 댄스를 추는 무용수를 말한다. 이 때 스윙어(swinger)라고 하지 않도록 주의한다. 스윙어는 세련된 사교가라는 뜻과 함께 성생활이 자유분방한 사 람을 일컫기도 한다.

스커프(scuff)

왼발에 체중을 실은 채, 오른발을 앞으로 내밀며 뒤꿈치로 바닥을 차서 소리 를 내는 것을 말한다.

스쿠프(scoop)

남성은 조금 강한 왼쪽 스웨이로, 옆으로 왼발을 스텝한다(여성의 경우는 반대). 그 다음 급격히 강한 오른쪽 스웨이로 바꾸어 오른발을 끌어당기는 동작이다. 마치 모래를 건져 올리는 듯한 동작이라 이와 같은 명칭이 붙어 졌다.

스케이터스 포지션

스케이터스 포지션(skater's position)

포크댄스의 기본자세 중 하나. 남성은 왼쪽, 여성은 오른쪽에 같은 방향을 향해 똑바로 선다. 남성의 오른손이 여성의 등 뒤로 허리춤에 놓인 여성의 오른손을 잡는 한편, 왼손을 맞잡아 남성의 몸 앞으로 내미는 자세이다.

스케이팅 스텝(skating step)

스케이트를 신고 빙판 위를 지치듯, 부드럽고 빠르게 플로어를 내닫는 것을 말한다.

스퀘어(square)

파트너끼리 서로 마주한 포지션을 말한다. 좀더 정확하게 표현하면 '파트너 스퀘어(partner square)' 또는 '스퀘어 투 파트너(square to partner)' 라고 한 다. 아울러 스퀘어는 '스퀘어 룸바(square rhumba)' 라고 하듯이 사각형 형 태로 스텝하는 베이식피겨를 일컫기도 한다.

스퀘어댄스(square dance)

미국의 대표적인 포크댄스(folk dance)이다. 네 쌍의 남녀가 마주서서 정사각형을 이루며 추는 춤이라 이런 명칭이 붙여졌다. 미국 개척 시대에 생겨난 춤으로, 소박하지만 젊고 화려한 분위기 속에 미국인들의 개척 정신을 표현한다. 춤곡으로는 가곡 〈켄터키의 옛집(My old Kentucky home)〉, 〈오 수재너(Oh! Susanna)〉 같은 음악이 사용된다.

스퀘어 스루(square thru)

스퀘어댄스(square dance) 동작에 관한 용어. 두 커플이 마주보고 선 뒤 오른손, 왼손, 오른손, 왼손을 잡고 지나가는데 남성은 오른쪽으로 90° 씩 돌고 여성은 왼쪽으로 90° 씩 돌면서 손을 잡는다. 그리고 마지막에는 방향을 바꾸지 않고 그대로 선다.

스퀘어 댄스 포메이션(square dance formation)

네 커플이 한 조가 되어 정사각형으로 서는 대형으로 음악을 등지고 선 커플이 1번이 되고, 시계반대방향으로 2번, 3번, 4번 커플이 된다. 이 중에서 1번과 3번을 헤드 커플(head couple)이라 하고, 2번과 4번을 사이드 커플(side couple)이라고 한다.

스키핑(skipping)

한발로 스텝과 홉(hop)을 교대로 한다. 갤러핑(galloping), 호핑(hopping), 리프(leap), 워킹(walking), 점프(jump), 러닝(running), 슬라이드(slide) 등과 더불어 댄스의 기본 스텝 중 하나이다.

스키핑 스텝(skipping step)

한 번에 스텝과 홉(hop)을 계속해서 하는 것을 일컫는다.

스키핑 턴(skipping turn)

한 발씩 번갈아가며 가볍게 뛰어오르면서 나아가는 스킵(skip) 동작을 하면서 춤을 추는 것이다.

스킵(skip)

한쪽 다리로 가볍게 뛰는 것을 말한다. 불규칙적인 리듬으로 행해지며, 같은 발로 스텝과 호프(hop)를 하는 것이다.

스타일 무브(style move)

브레이크댄스(break dance) 용어. 음악에 맞춰 푸트워크 위주의 스텝을 밟는 것으로, 자신만의 무브를 창안할 수 있다. 파워무브(power move)보다 역동적이지는 않지만, 댄스의 요소가 더욱 강조된다.

스타카토(staccato)

음표를 짧게 끊어서 연주할 것을 지시하는 용어이다. 음표 윗부분에 점을 찍어 표시하거나, 'stacc.' 같은 약호를 사용한다. 일반적으로 탱고의 리듬 연주 방법인데, 이에 따라 탱고는 스윙(swing)이 없는 무브먼트(movement)에서 각 걸음이 독립된 스텝을 밟는 형식이 된다. 뒷발을 음악이 허용하는 한 오랫동안 뒤에 남겼다가 날렵하게 스텝하여 탱고의 독특한 분위기를 표현하는 것이다.

스탠다드 댄스(standard dance)

모던 볼룸 댄스(modern ballroom dance)의 다른 이름. 댄스스포츠의 국제 경기 규정 종목 중 한 분야이다. 왈츠(waltz), 비엔나 왈츠(viennese waltz), 탱고(tango), 퀵 스텝(quick step), 폭스 트롯(fox trot)으로 구분된다.

스탠다드 배리에이션(standard variation)

각 종목의 기초적인 테크닉이 되는 베이식 피겨를 변화시켜 표준화한 것이다.

스탠다드 피겨(standard figure)

표준화된 피겨를 말한다.

스탠딩 스핀(standing spin)

제자리에서 계속 회전하는 스핀을 말한다. 왈츠에서 레프트 휘스크(left whisk) 다음에 트위스트(twist) 한 뒤, 그대로 남성이 회전을 계속하며 여성이 그 주위를 가볍게 달려서 도는 것을 예로 들 수 있다.

스탬프(stamp)

소리내며 발을 내딛는 동작을 말한다. 그것이 스탬프 찍는 소리와 비슷하다고 해서 붙여진 명칭이다.

스탬프 어펠(stamp appel)

어펠(appel)의 종류 중 하나. 클로즈드 포지션(closed position)에서 한쪽 발에 체중을 실으며 플로어를 강하게 딛고 프롬나드 포지션(promenade position)을 만들 때 사용한다.

스테이셔너리 피벗(stationary pivot)

제자리에서 피벗하는 것을 말한다.

스텝(step)

댄스를 하면서 발을 1보(步) 내딛는 동작의 단위를 의미한다. 그 방향은 앞,

뒤, 좌, 우 어느 쪽이든 이루어질 수 있다. 때로는 2보 이상의 움직임까지 통틀어 스텝이라고 부르는 경우도 있다.

스텝 시트(step sheet)

댄스 동작에 관련된 설명을 적은 종이를 말한다.

스텝을 익히는 방법

풋 포지션(foot position)만으로 그 스텝을 완전하게 표현할 수는 없다. 회전, 리듬, 볼룸에 대한 올바른 위치, 파트너에 대한 몸의 위치, 그리고 팔과 손으로 파트너를 리드하는 동작에 대한 연구 등이 스텝을 제대로 익히는 데 꼭 필요하다. 참고로, 댄스 교육 중 '작은 스텝(small step)'이라는 말이 자주 사용되는데, 이 말에 주의를 기울여야 한다. 왜냐하면 스텝을 크게 하면 균형이 나빠지고 다리 선이 보기 흉해지며 자칫 박자를 놓치게 될 수 있기 때문이다.

스토킹 워크(stalking walk)

'살금살금 접근하는 걸음걸이'라는 뜻. 탱고 프롬나드 포지션(promenade position)에서 처음의 슬로우에서 포인트하고, 다음의 슬로우에서 체중을 옮기는 스텝을 말한다.

스톰프(stomp)

라인디스코(line disco) 중에서 가장 간단하고 인기 높은 댄스이다. 스탬프를 찍듯 경쾌하게 발을 구르는 동작이 많아 이런 이름이 붙여졌다.

스트레이트 라이트 더블 턴(straight right double turn)

직선으로 540° 우회전하는 동작을 일컫는다. 라이트스트 레이트 더블 턴

(right straight double turn)도 같은 의미이다.

스파이럴(spiral)

'나선형, 소용돌이' 라는 뜻. 한쪽 발을 축으로 360° 1회전이 이루어지면서, 다른 발이 축이 되는 발에 나선형으로 꼬여지는 회전 동작을 말한다.

스팟 턴(spot turn)

제자리에서 하는 회전을 말한다.

스패니시 드래그(spanish drag)

탱고에서 라이트 런지(right lunge)로부터 정열적인 분위기로 여성을 가까이 끌어당기는 것을 말한다.

스프링(spring)

가볍게 도약하는 동작을 말한다.

스플릿(split)

퀵스텝의 배리에이션(variation)이다. 동시에 두 발을 최대한 옆으로 벌리는 것을 말한다. 최근 들어 라틴아메리카댄스에서 많이 이용되고 있다.

스핀(spin)

제1보를 전진하여 볼(ball)로 강하게 회전하고, 제2보에서는 옆으로 벌려 계속 회전하는 것을 말한다.

스핀 턴(spin turn)

스핀을 이용하여 방향을 전환하는 것, 주로 남자의 전진 스텝에서 시작된다.

제2보를 가지고 전회전, 또는 그 이하의 회전을 행하는 동작이다. 척추를 중심으로 회전하는 동작을 말한다. 스핀(spin)과 같은 의미이다.

슬라이드(slide)

플로어를 스치듯 발을 이동시키는 것을 말한다. 갤러핑(galloping), 홉핑(hopping), 리프(leap), 워킹(walking), 점프(jump), 러닝(running), 스키핑(skipping) 등과 더불어 댄스의 기본 스텝 중 하나이다.

슬로우(slow)

'느리게' 라는 뜻으로, 약어는 'S' 이다. 일반적으로 4분의 4박자 음악에서 2비트의 타이밍을 일컫는다. 반대되는 의미를 가진 용어는 'Q', 즉 '퀵(quick)' 이다.

슬로우 왈츠(slow waltz)

1922년 무렵 발생한 느린 템포(1분당 33~35소절)의 왈츠를 일컫는다. 영국의 댄스 강사 빅터 실베스터(Victor Silvester)가 새롭게 고안한 것으로, 당시에는 모던왈츠(modern waltz)라고 불렸다.

슬로박턴포지션

슬립 백(slip back)

발을 미끄러지게 하면서 후퇴하는 것을 말한다. 이를테면 탱고 포 스텝 체인지(four step change)의 제4보가 그런 경우이다.

슬립 어펠(slip appel)

어펠(appel)의 종류 중 하나. 클로즈드 포지션(closed position)에서 체중이 실리지 않은 발을 부드럽게 살짝 뒤로 조금 뺀 뒤 체중을 실으면서 쿵 하고 플로어를 친다. 아울러 홀드(hold)를 오픈 포지션(open position)으로 바꾼다.

시니어(senior)

세계댄스 · 댄스스포츠평의회(World Dance & Dance Sport Council)의 규정에 따르면, 만 35세 이상의 경기 및 그 경기의 출전자를 의미한다. 최고 연장자 클래스이다.

시미(shimmy)

라인댄스 용어. 어깨를 번갈아 앞뒤로 재빠르게 움직이는 것을 말한다.

시소(see-saw)

스퀘어댄스(square dance) 동작에 관한 용어. 두 사람이 마주보고 왼쪽 어깨를 스치며 앞으로 간 다음, 오른쪽 어깨를 스치면서 뒤로 돌아오는 동작을 말한다.

시저스(scissors)

'가위'라는 뜻. 퀵스텝의 배리에이션(variation)으로 프롬나드 포지션(promenade position)에서 머리의 높이를 바꾸지 않고 그 자리에서 남성은 좌, 우, 좌와 전방, 여성은 우, 좌, 우와 전방으로 Q, Q, Q로 포인트 하는 것이다.

시즌 배리에이션(season variation)

그 시기에 유행하고 있는 배리에이션을 뜻한다. 주로 대회에서 사용된다.

실라길라토리아

시퀀스 댄스(sequence dance)

19세기초 궁정이나 서민들 사이에서 추어진 oldtime dance를 현재의 형태로 정리하여 보급한 것이다. 현재 시퀀스는 올드타임 시퀀스, 므던 시퀀스, 라틴 시퀀스 세 부분으로 되어 있으며 16소절의 음악을 가지고 일정한 스텝을 LOD방향으로 반복해서 춘다. 영국에서는 블랙플 댄스 페스티발과 함께 매년 시퀀스 댄스 페스티발이 개최되고 새로운 춤이 발표된다.

실러버스(syllabus)

테크닉 교재의 항목이나 내용, 강의의 요점 또는 강습회나 대회 등의 안내서라는 의미로 사용되는 용어이다.

싱글 록(single rock)

양쪽 발을 좁게 벌린 뒤, 히프(hip) 운동과 더불어 체중을 리듬감 있게 좌우로 이동하는 스텝을 말한다.

싱글 핸드(single hand)

더블 핸드(double hand)와 달리, 남성의 오른손이 여성의 왼손 또는 남성의 왼손이 여성의 오른손을 맞잡는 것을 말한다. 이 경우 맞잡지 않은 팔은 어깨 아래 높이에서 옆으로 부드럽게 뻗거나 자연스럽게 몸 옆으로 내린다.

싱코페이션(syncopation)

리듬을 분할하는 것을 말한다. 이를테면 '1, 2, 3' 을 '1, 2, &, 3' 으로 1박자를 둘로 나누는 것이다.

쒸르 쁠라스(sur place)

파소 도블레의 피겨 명칭 중 하나. '바로 그 자리', '한 점' 이라는 뜻. 제자리 걸음을 의미한다. 다른 말로 마크타임(mark time)이라고도 한다.

쓰리 스텝 턴(three step turn)

혼자 왼쪽 또는 오른쪽으로 회전하되 3개의 스텝으로 하고 네 번째 스텝은 탭, 터치, 또는 체중을 두지 않고 붙이거나 한 박자 쉰다.

씨더블유(CW)

'클락와이즈(clockwise)' 의 약어. '시계 방향으로' 라는 뜻이다. 다시 말해 왼쪽에서 오른쪽으로 움직이는 것을 말한다.

씨씨더블유(CCW)

'카운터 클락와이즈(counter clockwise)'의 약어. 클락와이즈(clockwise)와 달리, 시계 반대 방향인 오른쪽에서 왼쪽으로 움직이는 것을 말한다.

씨비엠(CBM)

'콘트러리 바디 무브먼트(contrary body movement)'의 약어이다. 스텝하는 발의 방향으로 반대편 몸이 회전하는 것을 말한다. 즉 오른발을 앞으로 낼 때는 왼쪽 상체를 앞으로, 오른발을 뒤로 당겼을 때는 왼쪽 상체를 뒤로 하는 식이다. 마찬가지로 왼발을 앞으로 낼 때는 오른쪽 상체를 앞으로, 왼발을 뒤로 당겼을 때는 오른쪽 상체를 뒤로 하게 된다.

씨비엠피(CBMP)

'콘트러리 바디 무브먼트 포지션(contrary body movement position)'의 약어이다. 어느 한쪽 발이 몸을 가로질러 다른 쪽 발의 앞이나 뒤로 스텝했을 때의 위치를 말한다. 상대의 바깥쪽으로 스텝하거나 상대를 자신의 바깥쪽으로 리드할 때 이 상태가 된다. 모든 아웃사이드 스핀(outside spin)과 피벗 턴(pivot turn)에서 전방 또는 후방으로 두는 발, 탱고의 클로즈드 홀드(closed hold)에서 왼발을 전진할 때 또는 오른발을 후퇴할 때, 프롬나드 포지션(promenade position)에서 전진할 때 남성의 오른발과 여성의 왼발, 폴어웨이(fall away)로 후퇴할 때 남성의 왼발과 여성의 오른발, 체인지 오브 디렉션(change of direction)의 남녀의 제3보 등에 이용되는 자세이다.

씨피피(CPP)

남성 몸의 좌측과 여성 몸의 우측이 접촉하고, 그 반대쪽이 열린 포지션이다. 카운터 프롬나드 포지션(counter promenade position)의 약어이다.

아띠뚜드(attitude)

무릎을 구부리면서 무빙 풋(moving foot)이 올라가는 자세를 일컫는다.

아르헨티나 탱고(Argentina tango)

아르헨티나 부에노스아이레스에서 유래된 전통적 스타일의 탱고를 말한다. 그에 비해 유럽의 우아한 댄스 음악이 접목되는 등 아르헨티나 탱고가 세계화된 것이 댄스스포츠에서 다뤄지는 인터내셔널 탱고(international tango)이다. 오늘날 아르헨티나탱 고는 여전히 사교용으로, 무대용으로 존재하지만 국제적인 룰에 따라 경기를 치르지는 않는다.

아르헨티나 탱고

아말가메이션(amalgamation)

2개 이상의 피거(figure)를 조합해 연결한 동작을 말한다. 이를테면 왈츠(waltz)에서 내추럴턴—클로즈드 체인지—리버스턴이나, 탱고(tango)에서 워크—프로그레시브 링크—클로즈드 프롬나드 등으로 연결된 것이다.

아메리칸 스윙(american swing)

자이브(jive)를 일컫는 다른 이름이다. 미국 흑인들 사이에서 시작되어 1939년 무렵부터 크게 유행했다. 재즈 음악에 맞춰 추는 격렬하면서도 선정적인 춤이다.

아뻬르뚜라(apertura)

탱고 용어로, 오픈 포지션(open position)을 의미한다. 파트너를 앞에 두고 상체를 마주한 채 다리를 벌리고 선 자세이다.

아브라쏘(abrazo)

탱고 용어 중 하나. 춤을 추기 전 남녀가 만나 서로 안는 자세이다. 남성이 오른손으로 여성을 안고, 왼손으로 여성의 오른손을 살짝 잡는다. 여성은 왼손을 남성의 견갑골에 댄다.

아웃사이드 스핀(outside spin)

왈츠 피거 중 하나이다. 기본적으로 베이직 스핀 턴(basic spin turn)과 비슷하지만, 첫 번째, 두 번째 스텝이 아웃사이드 파트너(outside partner)라는 점이 다르다.

아웃사이드 에지(outside edge)

풋 워크를 표시하는 한 가지로, 발바닥의 바깥 부분을 말한다. 약어는 '오이

(OE)' 이다.

아웃사이드 체인지(outside change)
바깥쪽으로 방향을 바꾸는 것을 말한다.

아웃사이드 턴(outside turn)
언더 암 턴(under arm turn)을 할 때 왼손 아래에서 왼쪽으로, 오른손 아래에서 오른쪽으로 도는 것을 말한다.

아웃사이드 파트너(outside partner)
약어는 'OP' 이다. 파트너의 오른쪽 바깥으로 전진하는 것을 말한다. 언제나 오른발을 오른쪽 바깥으로 씨비엠피(CBMP)로 스텝한다. 다만 왼쪽 바깥으로 왼발을 전진하는 경우는 '왼쪽 OP' 라고 한다.

아이다(aida)
룸바와 차차차의 피겨(figure) 중 하나. 남녀가 오픈 카운터 프롬나드 포지션 (open counter promenade position)에서 뒤로 세 스텝 후진한다.

아이디에스에프(IDSF)
국제댄스스포츠연맹(International Dance Sports Federation)의 약칭. 1957년 댄스스포츠의 세계 보급을 목적으로 설립된 단체로서 스위스 로잔에 본부가 있다.

아이리시 릴트 댄스(irish lilt dance)
아일랜드 댄스의 한 종류. 손은 별로 움직이지 않고, 발의 도약을 강조한 리듬감 있는 춤이다.

아이다

아이씨비디(ICBD)

국제볼룸댄스평의회(International Council of Ballroom Dancing)의 약칭.
1950년 댄스 경기의 국제 행사를 관리하기 위해 설립되었다.

아이에스티디(ISTD)

영국왕실무도교사협회(Imperial Society Teachers of Dancing) 참조. 댄스 관
련 협회들 중 역사가 가장 오래되었으며, 앞선 연구와 개발로 댄스의 발전
및 세계화에 많은 공헌을 했다.

아이이(IE)

인사이드에지(inside edge)의 약어. 발바닥의 안쪽 가장자리 부분을 말한다.

아치(arch)

발이 포인트 되었을 때 둥근 형태를 이루는 볼(ball)과 힐(heel) 사이 부분을 일컫는다.

아크 턴(arc turn)

여성이 오른손 아래에서 오른쪽으로 돌거나, 왼손 아래에서 왼쪽으로 도는 언더 암 턴(under arm turn)을 말한다.

아프로 재즈(afro jazz)

재즈 스타일의 하나. 흑인 댄스의 영향을 강하게 받은 재즈 스타일을 말한다.

악센트(accent)

각 소절 중에 가장 강하게 표현되는 음을 말한다. 이를테면 왈츠(waltz)의 1소절은 '강, 약, 약' 으로 연주되는데, 이 때 제1비트의 강음을 악센트라고 한다. 폭스 트롯(fox trot)과 퀵스텝(quick step)의 경우는 제1비트와 제3비트에 악센트가 있다. 그리고 탱고(tango)에서는 각 비트에 악센트가 주어진다. 악센트를 제대로 파악해야 댄스의 묘미를 느낄 수 있다.

알(R)

'오른쪽(right)' 을 의미하는 약어이다.

알레마나 턴(alemana turn)

룸바와 차차차의 피겨(figure) 중 하나. 여성이 오른손을 들고 남성의 왼손 리드(lead)를 받아 팔 아래에서 오른쪽으로 도는 언더 암 턴(under arm turn)을 삼각형을 그리듯이 하게 된다.

알에프(RF)

'오른발(right foot)'을 의미하는 약어이다.

알엘오디(RLOD)

'reverse LOD'의 약어로, 시계바늘이 도는 방향을 말한다.

암스 링크드 그래스프(arms linked grasp)

남성과 여성이 서로 우측 어깨가 닿도록 마주본다. 그 다음 오른팔에 왼발을 낀 채, 여자는 왼손으로 스커트를 잡고 남자는 왼손을 허리에 대는 동작이다.

암스 크로스 비하인드 포지션(arms cross behind position)

포크댄스의 기본자세 중 하나. 남성과 여성이 같은 방향을 향해 똑바로 선다. 그 다음 몸 뒤에서 남성의 오른손과 여성의 왼손을 교차시켜 오른손과 오른손, 왼손과 왼손을 맞잡는다. 같은 의미를 가진 용어로 '백 크로스 포지션(back cross position)'이라고 일컫기도 한다.

| 암록턴투더라이트 | 암록턴투더레프트 |

암 스타일링(arm styling)

팔의 자세와 동작을 일컫는 용어이다.

암 체어(arm chair)

탱고의 배리에이션(variation) 중 하나이다. 단어의 의미는 '팔걸이 의자' 라는 뜻이다.

애드리브(adlib)

미리 계획되지 않은 즉흥적인 말이나 몸짓, 연기 따위를 이르는 말. 댄스 스포츠에서도 돌발 상황에 빠르게 대처하는 무용수의 행위를 의미한다.

액션(action)

무용수의 동작과 몸짓을 말한다.

앤드(&)

'and' 라는 뜻. S, Q의 리듬을 다시 2분할 또는 4분할 한 것으로 1/2박자분의 타임 벨류로 표현한다. 종목에 따라 차이가 있는데, 폭스트롯과 퀵스텝에서 'S, Q, &, Q' 의 경우 박자값은 '2, 1/2, 1/2, 1' 이 된다. 또한 탱고에서는 'S, Q, &, Q' 의 경우 '1, 1/4, 1/4, 1/2' 이 되고 왈츠에서 '1, 2, &, 3' 의 경우 '1, 1/2, 1/2, 1' 이 된다. & 비트는 앞 비트 속에 포함되는 것이다.

앵클(ankle)

'발목, 발의 관절 부분' 이라는 뜻. 댄스 스포츠에서는 발목 관절을 유연하고 정확하게 사용해야 아름답고 우아하며 활기차게 춤을 표현할 수 있다.

어덜트(adult)

세계댄스 · 댄스스포츠평의회(World Dance & Dance Sport Council)의 규정에 따르면, 만 18~35세의 경기 및 그 경기의 출전자를 의미한다.

어드밴스드(advanced)

볼룸(ballroom)에 대한 발의 위치, 방향을 말한다. 엘오디(LOD)나 벽, 중앙처럼 볼룸에 정해져 있는 방향에 관련된 발이 가리키는 방향으로서 '면하여', '배면하여', '향하여(포인팅)' 라는 3개의 용어가 사용된다. '면하여' 와 '배면하여' 는 발이 몸과 같은 방향에 있는 경우이다. 또한 '향하여(포인팅)' 는 다음의 스텝에서 앞쪽으로 움직이는 경우이고, '배면하여' 는 다음 스텝 혹은 다음 다음 스텝에서 뒤쪽으로 움직이는 경우에 사용된다. 아울러 '향하여(포인팅)' 는 스텝한 발의 방향이 몸의 방향과 다른 경우의 사이드 스텝에 사용된다.

어마운트 오브 턴(amount of turn)

각 피겨(figure)의 제1보 또는 몇 보 사이의 회전량을 말한다. 회전량은 발의 방향을 기준으로 계산되고, 전회전(360°)을 기준으로 8등분한 비율로써 표시된다. 예컨대 반대 방향으로 향할 경우는 1/2회전, 90° 1/4회전이 된다. 회전 방법에는 1/8, 1/4, 3/8, 1/2, 5/8, 3/4, 7/8, 전회전이 있다. 정해진 회전량보다 적으면 언더턴, 많으면 오버턴이라고 한다.

어소시에이트(associate)

댄스 교사 자격으로 최초에 주어지는 등급이다. 준회원을 일컫는다. 어소시에이트를 비롯하여 멤버, 라이센시에이트, 펠로의 네 가지 등급이 있다.

어크로스(across)

한쪽 발이 다른 쪽 발, 즉 서포팅푸트의 앞이나 뒤를 가로질러 스텝하는 동작을 말한다. 이를테면 탱고(tango)에서 클로즈드 프롬나드(closed promenade)의 제2보가 여기에 해당된다. 또한 어크로스는 파트너 앞을 가로질러 이동하는 것을 일컫기도 한다.

어크로스 더 엘오디(across the LOD)

'방향선 가로질러 나아가기'를 설명할 때 쓰이는 용어이다. 그 의미는 방향선을 기준으로 하여 반대편으로 옮겨지는 것을 일컫는다.

어택(attack)

'공격'이라는 뜻. 저돌적으로 돌진한다는 느낌을 주는 동작을 말한다.

어파트 포지션(apart position)

남성과 여성이 어떤 신체적 접촉도 없이 오픈(open)된 자세(position)를 취하고 있는 것을 말한다. 여기서 어파트(apart)란 거리나 공간, 시간상으로 떨어져 있는 상태를 의미한다.

어택

어펠(appel)

파소 도블레(paso doble)의 독특한 스텝으로, 투우사가 발을 구르며 소를 향해 '자, 덤벼라!' 라고 하는 자세를 본뜨고 있다. 어필(appeal)과 같은 뜻이다.

언더 암 스핀(under arm spin)

언더 암 턴(under arm turn)을 하되, 어느 한쪽 발이 축이 되는 것을 말한다.

언더 암 턴(under arm turn)

남성이 여성과 맞잡은 손을 들어올린 뒤, 그 밑에서 여성을 회전시키는 것을 말한다.

언더 턴(under turn)

정해진 회전량보다 적게 회전하는 것을 말한다. 반대되는 의미를 가진 용어는 '오버 턴(over turn)' 이다. 선행 피겨(figure)로부터 이어지는 피겨의 연속에 관해, 또는 코너에서 새로운 엘오디(LOD)로 방향을 바꾸는 등의 여러 가지 필요에 따라 얼라인먼트(alignment)를 변경하기 위해 사용된다.

얼라인먼트(alignment)

'정렬' 이라는 뜻. 볼룸(ballroom)에 대한 양발의 방향이나 한쪽 발이 가리키는 방향을 정의한다.

얼터너티브(alternative)

댄스 용어로 쓰일 경우 '어느 한쪽' 이라는 의미. 발을 바꿔 딛지 않고 한쪽 발로 춤을 추거나, 다른 쪽 발에 체중을 싣지 않고 옆으로 기대는 동작을 말한다. 이를테면 삼바(samba)의 베이직 무브먼트에서 사용되는 것이다.

업(up)

라이즈(rise)한 상태를 계속 유지하는 것을 말한다. 여기서 라이즈가 최고의 높이를 의미하지는 않는다.

에로스 라인(eros line)

여성의 한쪽 다리가 플로어에서 떨어져 뒤로 차올려지는 동작을 말한다. 그리스 신화에 나오는 에로스에서 유래된 용어로 라이트 에로스(right eros), 레프트 에로스(left eros), 더블 에로스(double eros)가 있다.

에스코트 포지션(escort position)

에스코트 포지션

포크댄스의 포지션 중 하나. 파트너와 옆으로 나란히 선다. 남성은 오른손을 허리 위에 가볍게 올리고, 여성은 왼손을 남성의 오른팔에 가볍게 올린다.

에티켓(etiquette)

'예절, 예의범절'을 뜻한다. 상대방에 대한 존중을 바탕으로 여럿이 함께 하는 문화를 바람직하게 유지하기 위한 사회적 약속이다. 댄스 스포츠 분야에도 다양하고 엄격한 에티켓이 존재한다. 이를테면 파트너의 기량에 맞추어 행동한다, 지나치게 큰 동작으로 상대가 불쾌감을 느끼지 않도록 해야 한다, 댄스 전용 신발을 신어야 한다, 때와 장소에 어울리는 복장을 해야 한다, 다른 커플에게 방해가 되지 않아야 한다, 발소리를 크게 내지 않아야 한다 같은 것을 예로 들 수 있다.

에프에이(FA)

폴 어웨이(fall away)의 약어이다. 프롬나드 포지션(promenade position)을 한 채 후방으로 이동한다.

에프피(FP)

폴 어웨이 포지션(fall away position)의 약어이다.

엑스라인(x line)

파트너끼리 X자 형태를 나타내고 있는 라인을 말한다. 프롬나드 포지션에

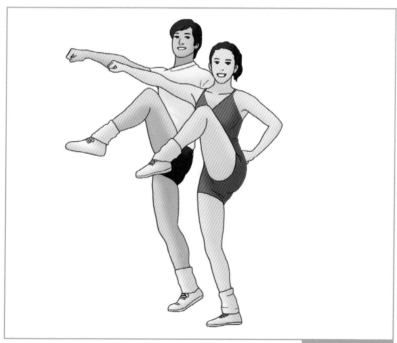

에어로빅댄스

에어로빅댄스 기본동작 1

에어로빅댄스 기본동작 3

에어로빅댄스 기본동작 4

에어로빅댄스 기본동작 5

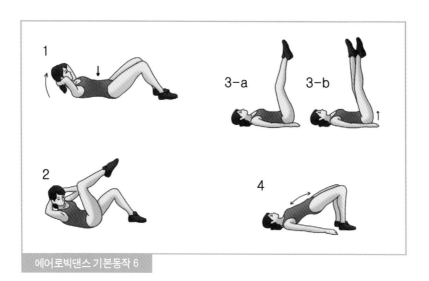

에어로빅댄스 기본동작 6

서 남성의 오른쪽 다리와 여성의 왼쪽 다리의 무릎을 느슨하게 한 뒤, 다른 쪽 발을 앞으로 뻗어서 남녀의 몸과 다리 선이 X자 형태를 보이도록 하는 것이다.

엑스트라 스핀(extra spin)
왈츠와 퀵스텝에 관련된 용어. 내추럴 스핀(natural spin)을 한 뒤, 계속해서 스핀을 이어가는 것을 말한다.

엑스퍼트(expert)
'전문가' 라는 뜻. 경험 많고 실력 좋은 노련한 무용수를 일컫는 용어이다.

엑조틱(exotic)
'이국(異國)적인', '이국정서' 라는 뜻이다.

엔딩(ending)
'끝부분' 이라는 뜻이다. 이를테면 데먼스트레이션(demonstration)의 경우 끝부분을 장식하기 위해 마지막 몇 소절을 특별히 안무하는데, 그런 부분을 일컬어 엔딩이라고 한다.

엔에프알(NFR)
노 푸트 라이즈(no foot rise)의 약어. 몸과 다리로만 느끼는 라이즈(rise) 동작. 발뒤꿈치를 바닥에 붙인 채 상체와 발을 뻗어 일어서는 것이다.

엔트리(entry)
'도입 부분' 을 뜻한다. 이를테면 데먼스트레이션(demonstration)의 경우 앞부분에 그 춤을 북돋우기 위한 몇 소절을 특별히 안무하는데, 그것을 일컬어 엔트리라고 한다. 또한 어떤 피겨(figure)를 할 때 그 스텝에 들어가기 전에 추는 선행 행보를 엔트리라고 부르기도 한다.

엘(L)

'왼쪽(left)'을 의미하는 약어이다.

엘레강트(elegant)

우아하고, 고급스런 품격이 있음을 의미한다.

엘보우 스윙(elbow swing)

파트너와 같은 쪽 팔을 서로 엇걸어서 회전하는 것으로 오른팔 엘보우 스윙은 클락와이즈(clockwise)로, 왼팔 엘보우 스윙은 카운터 클락와이즈(counter clockwise)로 회전한다.

엘에프(LF)

'왼발(left foot)'을 의미하는 약어이다.

엘오디(LOD)

라인 오브 댄스(line of dance)의 약어이다. 시계바늘 방향의 반대 방향을 말하며, '방향선(方向線)'이라고 한다.

영국왕실무도교사협회(Imperial Society Teachers of Dancing)

1920년 설립된 단체로 영국 런던에 본부가 있다. 댄스 관련 협회들 중 역사가 가장 오래되었으며, 엄격한 시험을 거쳐 단계별로 자격증을 취득한 세계 각국의 회원들로 구성되었다. 앞선 연구와 개발로 댄스의 발전 및 세계화에 많은 공헌을 했다. 약칭으로 'ISTD'라고 불린다.

오버 스웨이(over sway)

피겨(figure) 명칭 중 하나. 일반적인 사이드 스웨이(side sway)에서 여성의 왼쪽 어깨가 왼쪽 허리를 넘어 뒤로 기울인 상태를 일컫는다. 탱고의 네임드 배리에이션(named variation)이다.

오버 턴(over turn)

정해진 회전량보다 많이 회전하는 것을 말한다. 반대되는 의미를 가진 용어는 '언더 턴(under turn)' 이다.

오이(OE)

아웃사이드 에지(outside edge)의 약어. 발바닥의 바깥 부분을 말한다.

오초(ocho)

영어로는 '에이트(eight)' 라는 의미. 탱고의 가장 인기 있는 동작 중 하나이다. 오초는 스페인어로 '8' 을 뜻하며, 여성이 남성 앞에서 플로어에 유혹적으로 8자 모양을 그리기 때문에 붙여진 이름이다.

오초 아델란떼(ocho adelante)

탱고 용어 중 하나. 여성이 남성의 손을 잡고 제자리에서 앞쪽으로 지그재그로 걷는 동작을 말한다.

오초 아뜨라스(ocho atras)

탱고 용어 중 하나. 여성이 남성의 손을 잡고 제자리에서 뒤쪽으로 지그재그로 뒷걸음질치는 동작을 말한다.

오퍼지션(opposition)

삼바의 크리스크로스(crisscross)처럼, 파트너가 진행하는 방향과 반대로 움직이는 동작을 말한다.

오프 비트(off beat)

일반적인 악센트의 이면에 있는 악센트를 느끼면서 춤을 추는 것을 말한다. 오프 비트를 숙련하게 되면 좀더 복잡한 기술을 효과적으로 표현하면서 댄스의 즐거움을 배가시킬 수 있다.

오픈 브레이크(open break)

살사 용어 중 하나. 남녀가 동시에 후진하는 스텝을 밟으면서 간격이 벌어진 순간을 일컫는다. 오픈 페이싱 포지션(open facing position)에서 이루어지는 정지나 록 스텝(rock step)을 말한다.

오픈 샤세(open chasse)

제2보를 완전히 모으지 않고 동작하는 샤세이다. 일반적인 샤세와 같이 3보로 구성되지만 제1보는 벌리고, 제2보에서는 두 발을 반쯤 닫고, 제3보는 다시 벌리는 피겨(figure)이다. 같은 의미로 '하프 샤세(half chasse)' 라는 용어를 쓰기도 한다. 오픈 샤세는 빠른 음악의 경우, 또는 빠르게 움직이려고 하는 경우에 사용된다. 퀵스텝(quick step)의 팁시(tipsy)를 예로 들 수 있다.

오픈 서클 댄스(open circle dance)

포크댄스에서 원의 한쪽이 떨어져나간 'C' 자 형태가 되어 춤을 추는 것을 말한다.

오픈 텔레마크(open telemark)

피겨(figure) 명칭의 하나. 여성은 힐턴(heel turn)을 하고, 남성은 여성을 감싸면서 왼쪽으로 회전한다. 마지막에는 프롬나드 포지션(promenade position)으로 끝난다.

오픈 턴(open turn)

제3보의 발을 제2보의 발에 붙이지 않고, 그냥 스치듯 벌려서 회전하는 것을 말한다. 이를테면 폭스트롯 내추럴 턴(natural turn)의 남성 제1 보가 해당된다. 클로즈드 턴(closed turn)과 대조되는 동작이다.

오픈 페이싱 포지션(open facing position)

파트너끼리 약간 간격을 두고 떨어져서 마주보는 자세이다. 남성이 왼손으로 여성의 오른손을 잡거나, 양손을 마주잡는다.

오픈 텔레마크

오픈 턴

오픈 포지션

오픈 홀드

오픈 포지션1(open position)

남성과 여성이 클로즈드 포지션(closed position)을 하지 않고 서로 떨어져
있는 자세를 가리킨다. 또한 프롬나드 포지션(promenade position)처럼 남
녀의 한쪽 상체가 열린 상태를 말한다.

오픈 포지션2(open position)

포크댄스의 포지션 중 하나. 파트너와 같은 방향을 보고 선 뒤 서로 안쪽 손
을 잡는다. 바깥쪽 손의 경우 여성은 스커트를 잡고, 남성은 허리 위에 둔다.

오픈 피겨(open figure)

발을 모으거나 샤세(chasse) 동작 없이 한쪽 발이 다른 발을 지나가는 형태
의 피겨를 말한다.

오픈 피니시(open finish)

스텝의 마지막에 바깥으로 전진 또는 후퇴하여 마치는 것을 말한다. 왈츠 터
닝 록의 제5보 등이 여기에 해당된다.

오피(OP)

아웃사이드 파트너(outside partner) 참조. 파트너의 오른쪽 바깥으로 전진하는 것을 말한다. 서로 스텝하는 반대쪽 발을 가로질러 씨비엠피(CBMP)로 스텝한다. 아웃사이드 파트너(outside partner)의 약어이다.

옵셔널(optional)

'선택적인, 경우에 따라서, 자유로운 선택에 따라' 라는 의미이다.

와이핑 피트 워크(wiping feet walk)

마치 발로 마루를 닦는 것처럼 가볍게 좌우로 론데(ronde)하면서 걷는 동작을 말한다. 주로 라틴아메리카댄스에서 볼 수 있다.

왈츠(waltz)

스탠다드 댄스(standard dance) 종목 중 하나. 4분의 3박자의 경쾌한 춤곡,

왈츠

왈츠—스윙

또는 그 음악에 맞춰 남녀가 한 쌍이 되어 원을 그리며 추는 춤을 말한다. 왈츠는 가장 분위기 있는 스탠다드 댄스라고 할 만하다. 흔히 저녁에 열리는 파티의 춤으로 새로운 관계를 시작하거나 결혼을 축하할 때 등 왈츠는 인생의 행복한 순간들을 낭만적인 감정의 세계로 승화시키는 매력을 지녔다. 왈츠의 기초 리듬은 1, 2, 3이고 템포는 1분간 28~30소절이다. 왈츠라는 용어의 유래에 대해서는 두 가지 설이 있는데 그 중 하나는 '돌다' 라는 뜻의 독일어 'waltzen' 에서 파생되었다는 주장이고, 다른 하나는 프랑스 프로방스

왈츠—아웃사이드체인지

지방의 춤 볼타(volta)에서 비롯되었다는 것이다. 그리고 왈츠라는 음악 자체는 오스트리아 무곡(舞曲) 렌틀러(ländler)에서 발전된 것으로 보고 있다. 왈츠는 19세기 무렵 유럽에서 널리 유행했으며, 남녀 파트너끼리 안고 추는 최초의 무용으로서 중요한 의미를 갖는다. 프란츠 슈베르트(Franz Schubert)와 요한 슈트라우스(Johann Strauss) 등의 음악가들이 불멸의 왈츠 명곡들을 작곡했다.

왈츠─오버스웨이

왈츠 턴(waltz turn)

댄스 파트너가 클로즈드 포지션(closed position) 상태에서 왈츠 스텝을 이용해 회전하는 것을 말한다. 이 경우 시계 방향으로 회전하면서, 시계 반대 방향으로 전진하게 된다.

우드펙커(woodpecker)

퀵스텝 등에서 볼 수 있다. 플로어를 딱따구리처럼 톡톡 쪼는 스텝을 말한다.

워크(walk)

무용수가 음악에 맞춰 앞으로 나아가거나 뒤로 후진하는 것을 말한다. 각각의 댄스 종목마다 개성 있는 워크 테크닉이 존재한다.

워킹 스텝(walking step)

단순한 걸음걸이지만 균형 잡힌 유연함이 있어야 한다. 전후좌우 어디로나 움직일 수 있는데, 한쪽 발은 반드시 바닥에서 떨어지지 않아야 한다. 1박자에 1스텝을 하는 것이 원칙이다.

원 스텝(one step)

1911년 영국에서 생겨나 제1차 세계대전 무렵 미국으로 전파되어 유행한 사교댄스이다. 빠르고 유쾌한 성격의 춤이며, 한 박자에 한 걸음씩 앞으로 나아가거나 뒤로 물러서는 특징이 있다.

월(wall)

무도장의 벽을 의미한다.

월 플라워(wall-flower)

댄스 모임에서 파트너를 만나지 못한 여성을 뜻한다.

웨이브(wave)

물결처럼 넘실거리는 움직임의 피겨를 일컫는다.

위브(weave)

'짜다, 엮다, 얽히다' 라는 뜻이 있다. 남녀가 서로 바꾸어 들어가면서 진행하는 피겨(figure)의 이름이다.

윤타

윈드밀(windmill)

모던볼룸댄스에서는 풍차와 같은 움직임을 표현하는 아말가메이션(amalgamation)의 명칭이다. 또한 라틴아메리카댄스에서는 피겨(figure)의 명칭이다.

윙(wing)

프로펠러나 풍차의 날개처럼 축을 중심으로 회전하는 것이다. 여성이 남성의 주변을 오른쪽에서 왼쪽으로 이동하는 스텝이다.

유스(youth)

세계댄스·댄스스포츠평의회(World Dance & Dance Sport Council)의 규정에 따르면, 만 16~18세의 경기 및 그 경기의 출전자를 의미한다.

이브닝드레스(evening dress)

무도회나 음악회 등에서 입는 남녀의 정식 예복을 말한다. 하지만 여성용 예복을 이브닝드레스, 남성용 예복은 연미복이나 턱시도라고 구분해 일컫는 경우가 많다. 특별히 무도회 때 입는 것을 '볼 드레스(ball dress)' 라고 한다.

익스플로전 포지션(explosion position)

라틴아메리카댄스의 홀드 자세 중 하나. 남녀가 한 손만 잡고 양쪽으로 서로 잡아당기듯이 뻗는 강렬하고 힘이 넘치는 포지션이다. 익스플로전 (explosion)은 '폭발' 이라는 뜻을 갖고 있다.

인 라인(in line)

파트너를 정면으로 해서 전진하거나 후퇴하는 것을 말한다.

인사이드 에지(inside edge)

에지(edge)는 '각진 곳' 이라는 뜻. 발바닥의 안쪽 가장자리 부분을 말한다. 약어로 '아이이(IE)' 라고 한다.

인사이드 체인지(inside change)

안쪽으로 방향을 바꾸는 것을 말한다.

인스텝(instep)

'발등' 을 뜻한다.

인터내셔널 탱고(international tango)

아르헨티나 탱고(Argentina tango)와 더불어 탱고를 분류하는 기준 중 하나이다. 아르헨티나 부에노스아이레스에서 유래된 전통적 스타일의 탱고와 달리, 유럽의 우아한 댄스 음악 등이 접목되어 댄스 스포츠에서 다뤄지는 것이 인터내셔널 탱고이다. 다른 이름으로 콘티넨털 탱고(continental tango)라고도 한다.

인 프론트(in front)

'정면' 또는 '전방'을 뜻한다. 즉 파트너와 서로 마주하거나, 서포팅 풋 (supporting foot)의 전방을 의미할 때 사용되는 용어이다.

임피터스(impetus)

'추동력(推動力)'을 뜻한다. 여성의 전진 동작을 회전의 추동력으로 삼아 춤 추는 것에서 붙여진 명칭인데, 그것을 남성이 컨트롤하면서 회전한다.

잉글리시 왈츠(English waltz)

영국 이외의 유럽 국가들과 미국에서 왈츠를 일컫는 다른 이름이다.

잉글리시 스타일(english style)

영국에서 조직화되어 국제적으로 공인받은 볼룸댄스 스타일을 말한다. 인터 내셔널 스타일(international style)이라고도 한다.

댄스스포츠
사전

자이브(jive)

자이브

라틴 아메리카 댄스(Latin America dance) 중 하나. 미국 흑인들 사이에서 시작되어 1939년 무렵부터 크게 유행했다. '아메리칸 스윙(american swing)'으로 불리기도 한다. 자이브는 한마디로 재즈 음악에 맞춰 추는 격렬하면서도 선정적인 춤이라고 할 수 있다. 단지 무도장을 따라 한 바퀴 도는 방식이 아니라 어떤 방향에서나 자유롭게 진행되는 춤이

자이브—경기용 모던댄스 의상

기도 하다. 자이브 음악은 4분의 4박자로 이루어지며, 템포는 1분에 42~44소절 정도의 속도이다. 또한 자이브의 기본 리듬은 트리플, 즉 3박자 리듬 (triple rhythm)이다.

자이브 샤세(jive chasse)

자이브에 사용되는 샤세를 말한다. 일반적으로 'Q, &, Q'의 타이밍으로 춤을 추게 된다.

자이브—스루어웨이

자이브 기본동작

자이브―지그웍스

자이브―턴의 기본동작

재즈 댄스(jazz dance)

재즈 음악에 맞춰 추는 춤을 일컫는다. 일정한 틀과 형식에 얽매이지 않고 자유롭게 감정을 표현하는 특징이 있다. 이 춤은 여러 가지 댄스가 어울려 탄생했다. 즉 미국 흑인과 백인의 개성적인 춤에 룸바, 삼바, 맘보, 탭댄스, 왈츠, 거기에 발레의 요소까지 더해진 것이다. 그 스타일에 따라 모던재즈(modern jazz), 아프로 재즈(afro jazz), 코믹 재즈(comic jazz) 등으로 구분할 수 있다. 재즈 댄스라는 용어는 1927년 무렵부터 쓰이기 시작했고, 1970년대 들어 디스코와 고고, 트위스트 등으로 다양하게 변용되었다.

점프(jump)

댄스스포츠에서 점프는 두 발을 동시에 플로어에서 떼어 공중으로 뛰어오르는 동작을 말한다.

제너럴(general)

스윙 댄스에서, 한 곡의 음악에 맞춰 파트너와 함께 춤을 추는 행위를 말한다.

주니어(junior)

세계댄스·댄스스포츠평의회(World Dance & Dance Sport Council)의 규정에 따르면, 만 12~16세의 경기 및 그 경기의 출전자를 의미한다.

주브나일(juvenile)

세계댄스·댄스스포츠평의회(World Dance & Dance Sport Council)의 규정에 따르면, 만 12세 이하의 경기 및 그 경기의 출전자를 의미한다. 이것이 최연소 클래스이다.

중앙사(DC)

'디아고날 투 센터(diagonal to center)' 의 약어. LOD(line of dance)를 중심으로 중앙 쪽으로 45° 회전한 방향이다.

지터벅(jitterbug)

스윙(swing) 리듬에 맞추어 추는 사교댄스의 한 종류이다. 1930년대 말~1940년대 초 미국에서 유행하기 시작해 전 세계로 전파되었다. 4분의 4박자로 템포가 빠르고 경쾌하면서 스텝이 즉흥적이라 젊은층에서 특히 열광했으며, 미국 군인들 사이에서도 인기가 매우 높았다. 지터벅이라는 용어도 워낙 활달하고 자유로운 춤이라 '신경질적인 벌레(jittering bug)' 라고 비유한 데서 유래되었다. 지터벅을 출 때는 우선 남성과 여성이 양쪽 발을 모으고 마주선 뒤 양 손을 잡는다. 그리고 서로 다가서기도 하고 떨어지기도 하면서 춤을 추어 나간다. 한편 지터벅은 흔히 '지르박' 이라고 일컬어지며, '스윙 음악만 들리면 미친 듯 춤을 추는 스윙광(狂)' 을 의미하는 용어로 쓰이기도 한다.

지테(jete)

프롬나드 포지션(promenade position)에서 남성의 왼발과 여성의 오른발이 전진하고, 좌회전을 하면서 스텝하며, 홉(hop) 하면서 발을 바꾸어 밟는 런지 포인트(lunge point)를 했을 때의 라인을 말한다.

댄스스포츠
사전

차차차(cha cha cha)

차차차

라틴 아메리카 댄스(Latin America dance) 중 하나. 쿠바의 무곡(舞曲)인 단손(danzón)이 개조되어 생겨난 것으로, 1950년대 중반부터 미국을 시작으로 세계적인 인기를 끌었다. 차차차는 이름만큼 리듬도 이해하기 쉽다. 이 댄스는 봉고(bongo)와 마라카스(mara-cas)의 독특한 비트에서 그 명칭의 유래가 짐작된다. 차차차 음악의 특징은 단음 또는 스타카토(staccato)의 지속이라고

차차차─기본동작

할 수 있다. 박자는 일반적으로 4분의 4박자로 연주하며, 이따금 4분의 2박자로 연주할 때도 있다. 템포는 1분에 28~36소절 정도의 속도인데, 32소절을 가장 이상적인 템포로 보고 있다. 차차차 역시 룸바(rumba)처럼 두 번째 박자에서 스텝이 시작된다. 푸트워크의 경우, 발의 볼 부분부터 바닥에 닿고 이어서 발바닥 전체가 바닥에 닿게 한다. 발뒤꿈치로 리드하는 동작은 없다.

차차차─뉴욕오버스필

175

차차차―스팟턴135

차차차―알레마나턴

차차차—지그재그

차차차—팬

차차차─하키스틱

차트(chart)

'도표'라는 뜻. 각종 볼룸댄스 테크닉에는 발의 위치, 얼라인먼트 (alignment), 회전량 등 여러 항목이 표로 정리되어 일목요연하게 나타나 있다.

찰스턴(charleston)

1920년대 미국에서 시작된 사교춤이다. 흑인들 사이에서 생겨난 일종의 폭스 트롯(fox trot)으로 1927년 무렵부터 전 세계로 퍼져나갔다. 4박자의 경쾌한 리듬에 맞춰 양 무릎을 붙인 채 좌우로 발을 번갈아 뛰며 춤을 춘다. 찰스턴의 스텝이 변형되어 린디 합(lindy hop)이 만들어졌다.

챌린지 포지션(challenge position)
남성과 여성이 접촉 없이 떨어져 서로를 바라보는 자세를 말한다. 어파트 포지션(apart position)이라고도 한다.

체어(chair)
프롬나드(promenade)의 2보째에서 체크(check)하는 스텝이다. 의자에 앉는 자세와 닮아 이런 명칭이 붙여졌다.

체이스(chase)
탱고의 피겨(figure) 명칭이다. 오픈 프롬나드(open promenade)에서 처음에 남자가, 다음에는 여자가 서로 뒤쫓는 듯한 스텝이라 이런 이름이 붙여졌다.

체인 오브 턴(chain of turns)
회전이 연속되는 것을 뜻하는 말이다.

체인지(change)
무용수가 방향을 바꾸거나 체중을 옮기는 것 등을 의미한다.

체인지 오브 웨이트(change of weight)
한쪽 발에서 다른 쪽 발로 체중을 옮기는 것을 의미한다.

체인지 오브 핸드 비하인드 백(change of hand behind back)
자이브 피겨(figure) 중 하나. 여성이 남성의 등 뒤에서 왼손을 오른손으로 바꿔 쥐는 동작이다.

체인지 오브 핸드 비하인드백

체인 포메이션(chain formation)

여러 사람이 줄지어 정렬한 형태인 '대형(隊形)'을 뜻하는 포메이션 (formation)의 하나. 쇠사슬처럼 연결된 모습으로 늘어선 것이다.

첵(check)

움직임을 바꾸는 동작을 말한다. 즉 전진에서 후진 또는 후진에서 전진으로 움직임을 바꾸는 스텝이다.

첵 페더(check feather)

폭 스트롯의 포플러 베리에이션, 훼더 스텝의 3보부터 첵해서 아웃사이드 스위블(outside swivel) 오픈 임피더스를 춘다.

카데이라(cadeira)

람바다 동작의 하나. 여성이 남성의 무릎에 순간적으로 앉는 것 같은 자세를 취할 수 있도록 남성이 리드하는 동작이다.

카드리유(quadrille)

콩트르당스(contredanse)에서 파생된 춤이다. 18세기 후반부터 19세기까지 프랑스에서 유행했으며, 주로 네 쌍의 남녀가 사각형 대형으로 춤을 추었다.

카데이라

카레스 스핀(caresse spin)

프랑스어로 카레스(caresse)는 '애무, 어루만지기'를 뜻한다. 주로 룸바에서 사용되는 배리에이션(variation)으로, 여성이 남성의 목을 휘어감듯이 오른손으로 훑으면서 남성의 곁을 지나가는 피겨(figure)이다.

카운터(counter)

춤을 가르치거나 연습할 때 쓰는 구령이다.

카운터 클락와이즈(counter clockwise)

클락와이즈(clockwise)와 반대되는 동작이다. 즉 시계 반대 방향인 오른쪽에서 왼쪽으로 움직이는 것을 말한다. 'CCW' 라는 약어로 표현하기도 한다.

카운터 프롬나드 포지션(counter promenade position)

남성 몸의 좌측과 여성 몸의 우측이 접촉하고, 그 반대쪽이 열린 포지션이다. 프롬나드 포지션과 반대되는 동작으로, 'CPP' 라는 약어로 일컫기도 한다.

카운트(count)

음악의 리듬에 맞추어 '1, 2, 3, 4', '1, 2, 1, 2', 'Q, Q, S' 등으로 박자를 세는 것을 말한다. 아울러 소절 수를 세는 것도 카운트라고 한다.

카피캣 턴(copy-cat turn)

메렝게 동작의 하나. 남성은 여성이 서로 잡은 손 아래에서 턴할 수 있도록 리드하고, 다음에 남성이 여성과 똑같이 따라한다. 더블 핸드 홀드(double hand hold)로 시작하며 남성은 오른발로, 여성은 왼발로 선다. 턴하면서도 기본 메렝게 스텝을 계속한다.

카피캣 턴

칸돔베(candombe)

아르헨티나 부에노스아이레스 일대에서 성행하던 축제 음악의 일종으로, 흑인들이 이 음악에 맞춰 춤을 추면서 거리를 줄지어 걷는 가장행렬을 하고는 했다. 탱고(tango)가 탄생하는 데 영향을 끼쳤지만, 정작 칸돔베는 조잡하고 상스러운 음악으로 취급되어 점차 쇠퇴했다.

칸타오라(cantaora)

플라멩코(flamenco)의 여성 가수를 일컫는 말이다.

칸타오르(cantaor)

플라멩코(flamenco)의 남성 가수를 일컫는 말이다.

칸테 플라멩코(cante flamenco)

플라멩코의 노래를 비롯한 음악을 일컫는다. 역동적인 악센트와 자유로운 리듬의 변화가 특징이다.

캉캉(cancan)

1830년대 이후 파리의 무도회장에서 유행한 프랑스 춤이다. 처음에는 사교 댄스로 즐겼으나, 나중에는 무대 무용으로 성격이 바뀌었다. 긴 치마를 입은 여성들이 줄지어 서서 빠른 템포의 음악에 맞춰 다리를 번쩍번쩍 들어올리는 춤으로, 그 밖에도 공중으로 뛰어올랐다가 두 다리를 곧게 벌리고 착지하는 등 화려한 기술을 선보인다.

캔터(canter)

스텝의 속도가 빠른 걸음보다는 빠르고, 달리기보다는 느릴 때 사용하는 용어이다.

커넥션(connection)

파트너끼리 시선이나 신체 접촉 부위로 의사 전달을 하는 것을 말한다. 이를 테면 클로즈드 홀드(closed hold)에서 파트너끼리 텐션(tension)을 전달하고 지속하는 것을 예로 들 수 있다.

커들 포지션(cuddle position)

파트너끼리 매우 가까이 맞닿아 있는 그림자 포지션을 말한다. 자이브, 삼바, 룸바 등에서 사용된다. 플러테이션 포지션(flirtation position)이라고도 한다.

커트(cut)

발과 발을 빠르게 바꿔 딛는 스텝을 말한다. 서포팅 풋(supporting foot) 옆으로 다른 발을 가져오면서, 순간 그 발로 체중을 옮기며 진행 방향을 향해 밀어낸다.

커티쉬(courtesy)

여성 무용수가 정중히 인사하는 방법이다. 우선 한쪽 발을 서포팅 풋(supporting foot)의 뒤꿈치 끝에 붙인다. 그 다음 상체를 곧게 유지한 채 양 무릎을 가볍게 구부리고, 양손은 스커트를 잡은 채 미소 띤 얼굴로 파트너의 얼굴을 바라본다.

커티쉬턴(courtesy turn)

스퀘어댄스(square dance) 동작에 관한 용어. 파트너가 나란히 서서 왼손은 앞에서 잡고 오른손은 뒤에서 잡은 다음 한 바퀴 회전한다. 이 때 남성의 왼손은 손바닥을 위로 향하게 하고, 여성은 그 위에 가볍게 왼손을 얹는다.

컨택트(contact)

'접촉' 이라는 뜻. 파트너끼리 서로 마주하고 홀드(hold)를 할 때의 신체 접촉을 일컫는다.

컨트리 댄스(country dance)

17세기 무렵 영국 농촌에서 널리 유행한 2박자의 경쾌한 사교춤을 말한다.

컨티뉴어스(continuous)

계속해서 동작을 실시하는 것을 의미한다.

컨티뉴어스 윙(continuous wing)

남성은 왼쪽 다리를 축으로 하여 회전하고, 여성이 그 주위를 가볍게 내달아 윙 스텝(wing step)을 수차례 되풀이하는 것이다.

컴페터티브 댄스(competitive dance)

댄스 기술의 우열을 겨루는 춤의 경연(競演)을 말한다. 흔히 댄스 기술은 물론이고 음악적 표현력과 파트너 사이의 아름답고 조화로운 동작이 강조된다. 경연 댄스 참조.

컴포넌트(component)

작고 개별적인 동작의 단위를 말한다. 원래 단어의 의미는 '구성 요소, 부품' 이라는 뜻이다.

컴프레션(compression)

어떤 동작을 실행하기 위해 무릎을 구부려 무게 중심을 낮추는 것을 일컫는다.

컷 타임(cut time)

각 박자에 2비트를 포함하는 것으로, 2/4박자라는 기호를 가리킨다. 이를테면 탱고가 컷 타임 음악이라고 할 수 있다.

코너(corner)

'모퉁이, 구석' 이라는 뜻. 스퀘어 댄스(square dance)에 관련된 용어로 남성의 왼쪽, 여성의 오른쪽 사람을 코너라고 부르기도 한다.

코레오그래퍼(choreographer)

무용의 안무가를 뜻한다. 'choreographer by~' 라고 하면, '~에 의해 안무된

작품' 이라는 의미이다.

코르테(corte)

'커트(cut)'를 의미하는 스페인 · 포르투갈어. 일반적으로 후퇴 운동 이후에는 전진 운동이 계속되지만, 왈츠의 리버스 코르테(reverse corte)나 탱고의 백 코르테(back corte)처럼 다음의 전진 운동을 커트해서 후퇴하는 피겨(figure)를 말한다.

코믹 재즈(comic jazz)

재즈 스타일의 하나. 코믹한 뮤직 탭댄스를 도입한 재즈 스타일을 말한다.

코스터 스텝(coaster step)

첫 번째 스텝이 세 번째 스텝의 반대 방향에서 이루어지는 트리플 스텝을 의미한다.

콘트라(contra)

'반대로, 역으로'라는 뜻이다.

콘트라 체크(contra check)

피겨(figure)의 명칭. 볼룸댄스 테크닉의 왈츠와 탱고의 네임드 배리에이션(named variation)에 기재되어 있다.

콘트라 포메이션(contra formation)

여러 사람이 줄지어 정렬한 형태인 '대형(隊形)'을 뜻하는 포메이션(formation)의 하나. 남성의 줄과 여성의 줄이 서로 마주보는 것이다.

콘트라 포인트(contra point)

탱고의 배리에이션(variation) 중 하나. 남성이 왼쪽 다리를 전방으로 CBM(contrary body movement)하면서 CBMP(contrary body movement position)에서 토(toe)로 포인팅(pointing) 하는 피겨이다.

콘트라 플릭(contra flick)

왼쪽으로 회전하면서 체중을 그 자리에 놓은 뒤, 왼발을 이용해 콘트러리 바디 무브먼트 포지션(contrary body movement position)으로 플릭하는 것을 말한다.

콘트러리(contrary)

'~와 다른, 반대되는' 이라는 뜻. 진행하는 발과 골반이나 어깨가 반대로 되는 역작용을 표현할 때 사용하는 용어이다.

콘트러리 바디 무브먼트(contrary body movement)

씨비엠(CBM) 참조. 전방 또는 후방으로 움직이는 발의 방향으로 반대편 몸이 회전하는 것을 말한다. 약어로 씨비엠(CBM)이 사용된다.

콘트러리 바디 무브먼트 포지션(contrary body movement position)

씨비엠피(CBMP) 참조. 상체를 회전시키지 않은 상태에서, 한쪽 발을 상체의 앞이나 뒤를 가로질러 스텝한 자세이다. 약어로 씨비엠피(CBMP)라고 한다.

콘티넨털 탱고(continental tango)

인터내셔널탱고(international tango) 참조. 인터내셔널 탱고의 다른 이름이다.

콤

콜릿(collet)

몸 아래에서 움직이는 발을 끌어올려, 플로어를 딛고 있는 발로 무게를 완전히 이동시키는 것을 말한다.

콩가(conga)

아프리카 흑인들이 쿠바에 전파한 춤곡이며 춤이다. 1937년 무렵 미국에서 큰 인기를 끄는 등 라틴아메리카 전역에서 유행했다. 이 춤의 특징은 네 박자 타이밍에서 발을 들어차듯이 대각선으로 힘껏 내미는 것이다. 쿠바인들은 축제 때 길게 줄을 지어 '1-2-3 킥스텝(kick step)' 형식으로 춤을 추면서 거리를 행진하고는 했다.

콘트르당스(contredanse)

영국 농촌의 경쾌한 2박자 춤이 18세기 초 프랑스로 전해져 콘트르당스로 불렸다. 네 쌍 또는 여덟 쌍의 남녀가 마주선 자세로 춤을 추며, 음악은 4분의 2박자이거나 8분의 6박자였다.

쿠랑트(courante)

16세기에 프랑스에서 생겨나 프랑스와 이탈리아 궁정에서 유행했던 춤이며 춤곡이다. '뛰다, 달리다' 라는 뜻의 프랑스어 'courir' 에서 유래된 용어로, 4분의 3박자의 경쾌한 분위기이다.

쿠반(cuban)

'쿠바의' 라는 뜻. 또한 쿠바를 비롯해 라틴 아메리카 풍의 동작을 사용하는 댄스를 일컫는다.

쿠반 룸바(cuban rumba)

룸바(rumba)의 한 종류로, 경연 스타일의 댄스이다. 그 밖에 룸바의 종류에는 박스 룸바(box rumba)가 있다.

쿠카라차(cucarachas)

룸바 용어 중 하나. 발을 옆이나 앞으로 벌려 바닥을 눌렀다가 다시 모으는 동작을 일컫는다. 그 모습이 마치 바퀴벌레를 밟아 죽이는 것 같다는 데서 유래된 명칭이다.

쿼터비트(quarter beats)

1/4비트를 뜻한다. 또한 탱고에 이와 같은 명칭의 피겨(figure)가 있는데 'Q, &, Q, &, S' 로 카운트된다.

쿼터턴(quarter turn)

피겨(figure) 명칭의 하나. 1/4회전하는 것을 말한다.

쿼터 턴 투 라이트(quarter turn to right)

오른쪽으로 1/4회전하는 것을 말한다.

쿼터 턴 투 레프트(quarter turn to left)

왼쪽으로 1/4회전하는 것을 말한다.

퀵(quick)

'빠르게' 라는 뜻으로, 약어는 'Q' 이다. 일반적으로 4분의 4박자 음악에서 1 비트의 타이밍을 일컫는다. 반대되는 의미를 가진 용어는 'S', 즉 '슬로우 (slow)' 이다. 한편, 퀵스텝(quick step)을 줄여 퀵이라고 하는 경우도 있다.

퀵 스텝(quick step)

스탠다드 댄스(standard dance) 종목 중 하나. 4분의 4박자의 경쾌하고 빠른 스텝의 춤이다. 템포는 1분에 50~52소절의 속도로 연주된다. 아주 빠르고 신 바람 나는 춤으로 손꼽히지만, 그런 까닭에 정확한 동작을 표현해내기가 쉽 지 않다. 항상 자세를 흐트러뜨리지 않고 밸런스를 유지하면서 양 무릎을 유 연하게 움직여 몸을 가볍게 해야 경쾌한 동작을 얻을 수 있다. 퀵스텝은 미 국에서 발생했으며, 워크(walk)와 샤세(chasse)가 기본 동작이다. 전진 워크 와 후진 워크는 폭스 트롯(fox trot)의 그것과 비슷한데 좀더 빠르게 춘다는 차이점이 있다. 샤세는 퀵, 퀵, 슬로우의 쓰리스텝(three-step)으로 구성되며 네 박자를 취한다. 그리고 두 번째 스텝에서 양쪽 발을 모은다. 매우 빠른 춤 인 만큼 운동 효과도 뛰어나다.

퀵 스텝

퀵 왈츠(quick waltz)

슬로우 왈츠(slow waltz)에 대비되는 개념으로, 비엔나 왈츠(viennese waltz)를 의미한다.

크러쉬 댄스(crush dance)

블루스(blues)의 다른 이름이다. 블루스는 19세기 중반 미국 흑인들 사이에서 발생한 두 박자나 네 박자의 애절한 악곡이며, 또한 그 느린 곡조에 맞춰 추는 춤을 말한다.

크러쉬 댄스 홀드(crush dance hold)

볼룸 홀드(ballroom hold)와 같은 의미이다. 라틴아메리카 댄스가 아닌 일반적 댄스에서 남녀가 춤을 추기 위해 짝을 짓는 것을 일컫는 말이다.

퀵스텝—샤세리버스턴

퀵스텝—호버코르테

크로스(cross)

남성의 발과 여성의 발이 교차하는 동작을 말한다. 아울러 서포팅 풋(supporting foot)의 앞이나 뒤로 교차시켜 스텝하는 동작을 일컫기도 한다.

크로스 바디 리드(cross body lead)

루틴(routine)에 의해 남성과 여성의 위치가 바뀌는 동작을 말한다.

크로스 바디 턴(cross body turn)

살사에 관련된 용어. 크로스 바디 리드(cross body lead)를 하면서, 살세라가 좌측으로 턴을 해 남녀의 위치가 바뀌는 것을 말한다. 크로스 바디 리드 인사이드 턴(cross body lead inside turn)이라고도 한다.

크로스 백홀드 포지션(cross backhold position)

포크댄스의 기본자세 중 하나. 남성과 여성이 같은 방향을 보고 서서 뒤에서 오른손과 오른손, 왼손과 왼손을 맞잡는다. 이때 오른손이 위로 오게 한다.

크로스 홀드 포지션(cross hold position)

포크댄스의 포지션 중 하나. 파트너와 마주보고 서서 오른손이 위로 오게하여 두 손을 교차하여 잡는다.

크리스 크로스(crisscross)

'열십자(十), 십자형, 교차되는' 이라는 뜻. 삼바의 피겨(figure) 명칭으로 사용된다.

클라베스(claves)

라틴아메리카의 타악기 중 하나. 2개가 한 벌인 긴 막대 모양으로, 길이 20센

크로스 백 홀드 포지션

크로스 핸드 홀드 포지션

티미터 정도의 둥근 막대 하나를 한쪽 손바닥에 얹어놓고 다른 손으로 남은 막대를 쥐어 그것을 두드린다.

클락와이즈(clockwise)

시계 방향, 즉 왼쪽에서 오른쪽으로 움직이는 것을 말한다. 'CW' 라는 약어로 표현하기도 한다.

클래스 레슨(class lesson)

개인 교습이 아닌, 단체로 학급을 만들어 학습하는 것을 일컫는다.

클래식 댄스(classic dance)

다리의 포지션에 기초를 둔 무용을 일컫는다.

클랩(clap)

짝짝 소리나게 손뼉을 치는 것을 말한다.

클럽 댄스(club dance)

일반적으로 클럽에서는 원곡보다 템포를 빠르게 하고 데시벨이 높은 효과음을 사용해 흥을 북돋는 이른바 클럽뮤직을 사용한다. 클럽댄스는 그런 음악에 맞춰 추는 대중적이면서 자유로운 형식의 춤을 일컫는다.

클로그(clog)

신발 밑에 나무를 덧붙여 마룻바닥을 빨리 밟아서 소리를 내며 추는 춤이다. 아일랜드와 영국 랭커셔 주에서 유행했으며, 탭 댄스(tap dance)의 발생에 절대적인 영향을 끼쳤다.

클로즈(close)

서포팅 풋(supporting foot)에 다른 발을 갖다 붙이는 동작을 말한다. 이를테면 맨 마지막에 양발을 붙이고 동작을 마무리하는 것을 클로즈드 피니시(closed finish)라고 한다.

클로즈드 서클 댄스(closed circle dance)

포크댄스에서 모든 사람이 손을 잡고 원을 그리며 춤을 추는 것을 말한다.

클로즈드 체인지(closed change)

왈츠의 피겨(figure) 중 하나로, 진행하려는 발을 바꾸고 싶을 때 사용된다. 내추럴 피겨(natural figure)에서 리버스 피겨(reverse figure)로, 또는 리버스 피겨에서 내추럴 피겨로 진행하려고 할 때 볼 수 있다.

클로즈드 턴(closed turn)

제2보와 제3보에서 두 발을 모으고 회전하는 것을 말한다. 오픈 턴(open turn)과 대조되는 것으로, 힐 턴(heel turn) 역시 클로즈드 턴의 한 종류라고 할 수 있다.

클로즈드 페이싱 포지션(closed facing position)

주로 라틴아메리카댄스에서 사용되는 포지션 중 하나. 우선 남성과 여성이 15센티미터 정도 떨어져 마주선다. 그 다음 남성이 여성의 오른쪽 겨드랑이에 오른손을 살짝 가져다대고, 여성은 남성의 오른쪽 어깨에 왼팔을 얹는다. 그리고 남성이 왼팔을 부드럽게 돌려 여성의 오른쪽 허리춤을 잡는다.

클로즈드 포지션(closed position)

파트너와 마주본 뒤 남성은 오른팔을 여성의 등 뒤로 돌리고 여성은 왼손을 남성의 오른쪽 어깨에 올린다. 남성은 왼쪽 손으로 여성의 오른손을 잡고 팔꿈치를 굽혀 팔을 어깨 높이로 올린다.

클로즈드 포지션

클로즈드 피겨(closed figure)

스텝이나 체중의 이동과 함께 한쪽 발이 다른 발과 모이게 되는 피겨를 일컫는 말이다.

클로즈드 피니시(closed finish)

두 다리를 모으고 동작을 마치는 것을 말한다. 주로 턴(turn)에 사용된다. 오픈 피니시(open finish)와 반대되는 개념이다.

클로즈드 홀드(closed hold)

남녀 파트너가 춤을 추기 위해 신체를 가까이 마주한 상태를 말한다. 이러한 자세는 서유럽에서 발생한 사교댄스의 특성 중 하나이다. 아울러 유럽 왕실에서 행해지던 볼룸댄스의 유산이라고 할 수 있다.

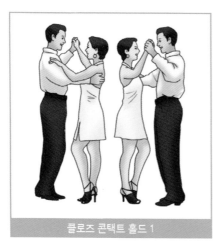

클로즈 콘택트 홀드 1

클로즈 콘택트 홀드 2

클로즈 콘택트 홀드 3

킥(kick)

발을 플로어에서 들어올려 무릎 밑으로 가볍게 차는 동작을 말한다.

킥볼 체인지(kick-ball change)

킥 동작을 하면서, 체중이 없는 발을 뒤로 옮겨 볼 체인지(ball change) 하는
동작이다.

댄스스포츠
사전

타란텔라(tarantella)

이탈리아 나폴리 지역의 민속무용과 그 무곡(舞曲)을 말한다.

타이밍(timing)

음악의 빠르기와 리듬에 스텝을 정확하게 맞춰 표현하는 것을 말한다. 그런데 타이밍은 템포에 따라 달라지므로, 같은 슬로우(slow)나 퀵(quick)이라고 해도 그 타이밍은 종목에 따라 다른 기준이 적용된다.

타임(time)

음악의 마디를 구성하는 박자, 다시 말해 비트(beat)의 수를 일컫는다. 즉 '몇 분의 몇 박자'를 말하는데 탱고는 2/4, 왈츠는 3/4, 퀵스텝과 폭스트롯은 4/4가 된다.

타임 밸류(time value)

음악적 시간의 배분을 뜻한다. 즉 음표나 쉼표로 표시되는 길이를 의미하는 것이다.

탭댄스 1

탭댄스 2

탭댄스 3

탭댄스4

타임 시그니처(time signature)

박자 기호, 즉 음악의 각 소절을 구성하고 있는 비트의 수를 일컫는다. 오선
지를 세로로 구분지은 종선과 종선 사이를 소절이라고 하고, 이 소절에 있는
비트 수로서 2/4박자, 3/4박자, 4/4박자라고 부른다.

탱고(tango)

탱고 1

스탠다드 댄스(standard dance)
종목 중 하나. 1880년 무렵 아르
헨티나 부에노스아이레스의 하
층민 지역에서 생겨났다. 탱고가
처음 등장할 때의 명칭은 '바일
리 꼰 꼬르떼(baile con corte)' 였
는데, 그것은 '멈추지 않는 춤'
이라는 뜻이었다. 그 후 명명된
탱고라는 용어의 기원은 아프리
카로 여겨지며 '만남의 장소',
'특별한 공간'을 의미한다. 그러
나 앞서 말했듯 탱고 자체가 아

프리카에서 시작된 것은 아니다. 탱고가 탄생할 무렵 당시 부에노스아이레
스의 남성은 목이 긴 부츠에 쇠발톱(spur)을 달고 가우초(gaucho)라는 바지
를 입었으며, 여성은 풍성한 스커트를 입었다. 그와 같은 복장으로 춤을 추
려고 애쓰는 과정에 역설적으로 자연스럽게 만들어진 동작들이 있는데, 그
것이 오늘날 탱고의 기본 동작이 확립되는 밑바탕이 되었다. 탱고의 비약적
인 발전은 1900년대부터 본격적으로 시작되었다. 초기의 탱고는 경쾌하고
활기찼으며, 1915년 무렵 유럽에도 전해져 큰 인기를 끌었다. 그런데 1920년
대가 되자 탱고의 분위기가 바뀌어 우수의 정서를 띠게 되었다. 아울러 스텝

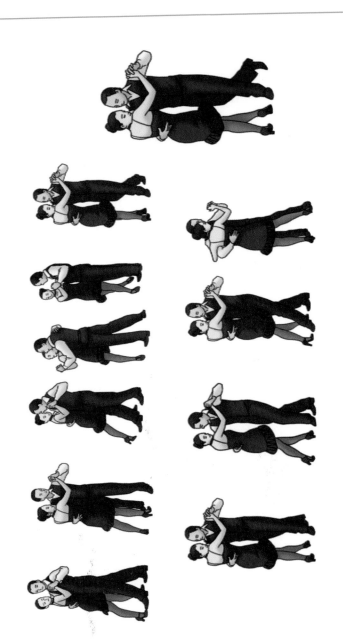

도 실내 무도 스텝으로 부드럽게 변했다. 탱고의 특징 중 하나는 라이즈 앤 폴(rise and fall) 없이 일정한 자세를 유지하며 추는 춤이라는 점이다. 탱고 음악의 기본적인 리듬은 4분의 2박자이며 각 박자에 악센트가 있다. 템포는 1분간 30~34소절로 연주된다. 탱고 음악 역시 처음에는 촌스러운 댄스 음악으로 무시되었으나, 실력 있는 음악가들의 공헌으로 점점 감상할 만한 가치를 지닌 음악으로 인정받았다. 열정적이고 감각적이며 감칠맛 나는 탱고는 많은 사람들에게 다양한 이미지로 기억된다. 탱고는 우울한 분위기의 춤이라는 일부 평에도 불구하고, 그 이상의 매력으로 사람들을 사로잡는다.

탱고 오릴레로(tango orillero)

탱고 카페나 술집 같은 좁은 공간에서 추기에 적합한 춤이다. 남성과 여성이 작은 공간을 차지하면서 더욱 친밀감을 느끼며 춤을 출 수 있다.

탱고 오릴레로

탱고 핸드포지션

투핸드홀드 포지션

탱고포지션(tango position)

파트너가 정면으로 마주보고 나아가는 동작을 말한다.

탭(tap)

플로어를 발로 가볍게 두드리는 동작을 말한다. 이를테면 탱고 프롬나드 링크(promenade link)의 남성 제3보처럼 체중을 싣지 않고 작게 옆으로 두는 스텝 같은 것이 해당된다.

탭 댄스(tap dance)

밑창에 탭(tap)이라는 쇠붙이를 붙인 구두를 신고 리듬감 있게 플로어를 쳐서 경쾌한 소리를 내며 추는 춤이다. 아일랜드의 클로그(clog) 댄스가 미국으로 전해진 뒤 흑인들의 춤과 뒤섞여 탄생했다. 탭댄스는 1920년대 재즈의 유행과 더불어 독립적인 댄스로서 그 위상을 확립했다. 주로 남녀가 파트너를 이루어 탱고 음악에 맞춰 추는데, 활동적이면서도 낭만적인 분위기를 자아낸다.

터닝 라이트(turning right)

포 스텝(four step)에서 쓰이는 용어. 4박자로 180° 우회전하는 것을 의미한다.

터닝 레프트(turning left)

포 스텝(four step)에서 쓰이는 용어. 4박자로 180° 좌회전하는 것을 의미한다.

터치(touch)

토(toe)나 볼(ball) 또는 힐(heel)을 체중 이동 없이 플로어에 가볍게 대는 것을 말한다.

턴 아웃(turn out)

토(toe)가 몸의 방향보다 바깥쪽을 보고 선 자세를 말한다. 반대되는 개념은 턴 인(turn in)이다.

턴 인(turn in)

토(toe)가 몸의 방향보다 안쪽을 보고 선 자세를 말한다. 반대되는 개념은 턴 아웃(turn out)이다.

텀블 턴(tumble turn)

급격한 로워(lower)를 동반한 회전을 말한다. 탱고를 제외한 댄스에서 사용된다.

테크닉(technique)

댄스의 특별한 동작을 세련되고 조화롭게 연출해내는 정신적, 육체적 능력 및 기술을 말한다.

텍스트(text)

'본문, 문서' 또는 '교본' 이라는 의미 등으로 사용된다.

텐션(tension)

'긴장 상태, 팽팽함' 이라는 뜻. 이를테면 살사(salsa)에서 파트너와 접촉한 신체 부위로 전달되는 상대의 힘에 대한 긴장감 있는 느낌을 말한다. 그런 감각을 깊이 이해해야 보다 디테일한 표현을 할 수 있다.

텔레마크(telemark)

피겨(figure) 명칭의 하나. 스키의 회전 기술인 텔레마크와 움직임이 비슷해 붙여진 이름이다. 스키에서 이 기술은 한쪽 다리를 앞으로 내밀며 다리를 굽혀 회전하는 것이다.

텔레스핀(telespin)

오픈 텔레마크(open telemark)와 스핀을 서로 연결시켜서 만든 피겨(figure) 명칭이다.

템포(tempo)

음악의 빠르기를 의미한다. 댄스에서는 1분 동안 연주되는 소절 수로 표시되는데, 국제적으로 표준 템포가 정해져 있다. 이를테면 왈츠 29~30소절, 탱고 30~33소절, 폭스 트롯 29~30소절, 비엔나 왈츠 60소절, 퀵 스텝 48~50소절, 룸바 27~28소절, 차차차 32~33소절, 삼바 48~56소절, 파소도블레 60~62소절, 자이브 40~46소절이다. 하지만 이 템포가 고정불변의 절대적인 것은 아니다.

토(toe)

'발가락 끝'을 말한다. 'T'로 표시되는데, 이따금 볼(ball)이 포함되는 경우도 있다.

토 턴드 인(toe turned in)

스텝하는 발의 토를 바깥쪽으로 향하게 하는 것을 말한다.

토 턴드 아웃(toe turned out)

스텝하는 발의 토를 안쪽으로 향하게 하는 것을 말한다.

토 피벗(toe pivot)

한쪽 발의 토로 하는 회전을 말한다. 이를테면 더블 리버스 스핀(double reverse spin)의 남성 3보째에서 왼발을 오른발로 닫을 때 오른발의 토로 하는 회전 같은 것이다.

토카오르(tocaor)

플라멩코(flamenco)의 기타 반주자를 일컫는 말이다.

토케(toque)

플라멩코(flamenco)의 기타 연주를 일컫는 말이다.

톤(tone)

신체의 근육과 각종 기관 등이 활동하기에 적합한 상태를 말한다. 이 용어가 음악에 쓰이면 음조(音調), 미술에서는 색조(色調)를 의미한다.

톱(top)

몸의 상부. 신체의 위쪽 부분을 의미한다.

투 스텝(two step)

이 스텝은 '하나' 에 오른발을 앞으로 내딛는다. 그와 동시에 왼발을 오른발 뒤꿈치에 갖다 붙인다. 그리고 '둘' 에 오른발을 앞으로 내딛는다.

투워드(toward)

운동 방향을 나타내는 용어이다.

트래블링(travelling)

계속해서 움직이는 것을 의미한다. 이를테면 콘트라 체크(contra check)의 제1보에서부터 계속 전진하는 스텝은 일반적으로 트래블링 콘트라 체크 (travelling contra check)로 알려져 있다.

트위스트(twist)

'비틀다, 틀어서 방향을 바꾸다' 라는 뜻이다.

트위스트(twist)

1960년대 미국에서 생겨난 사교댄스이다. 처비 체커(Chubby Checker)가 트위스트(The Twist)라는 노래를 부르면서 유행했는데, 매우 빠르게 세계 각국으로 전파되었다. 트위스트는 남녀가 손을 잡지 않고 서로 떨어져 서서 몸을 뒤트는 형태이다. 다시 말해 발목 부분으로 몸의 균형을 잡고 가슴과 허리, 팔을 좌우로 활발히 흔드는 춤이다. 트위스트를 기반으로 해서 고고(gogo) 와 스윙(swing), 림보(limbo) 등의 스텝이 창안된 것으로 알려져 있다.

트위스트(twist)

라인댄스 용어. 양발을 모아 볼(ball)에 체중을 실으면서 지시된 방향으로 뒤 꿈치를 흔드는 동작이다.

트위스트 턴(twist turn)

남성이 오른발을 왼발 뒤에서 교차하고 오른쪽으로 회전하면서 교차를 풀 때, 여성이 그 둘레를 걷는 회전이다.

트윙클(twinkle)

'후퇴, 닫음(거의 닫음), 전진' 또는 '전진, 닫음(거의 닫음), 후퇴' 하는 동 작을 말한다. 그 밖에 춤을 추는 사람의 발이 가볍게 움직이는 것을 가리키 는 경우도 있다. 이 때 트윙클은 '반짝반짝 빛나다' 라는 원래의 의미를 내 포한다.

티플(tipple)

티플은 '술을 많이 마신다' 란 의미. 팁시(tipsy)와 같은 의미로 무엇에 취해 비틀거리는 발걸음처럼 보인다고 해서 붙여진 명칭. 타이밍은 'S, Q, Q, S' 이다.

티플 샤세(tipple chasse)

샤세에서 회전하면서 록으로 들어가는 이미지가 술을 마신 발의 움직임과 닮았다는 데서 붙여진 명칭이다.

팁시(tipsy)

무엇에 취해 비틀거리는 물떼새의 발걸음처럼 보인다고 해서 붙여진 스텝의 명칭. 타이밍은 'Q, &, Q' 이다.

댄스스포츠
사전

파라다(parada)

탱고 용어로 '멈춤, 스톱' 이라는 뜻. 남성이 오른손과 오른발로 여성의 왼발을 확실하게 접촉함으로써, 여성을 멈추게 한다. 남성은 왼발로, 여성은 오른발로 서서 끝난다. 다음 동작을 하기 위해 여성의 오른발은 남성의 발 사이 중간 지점에서 빠르게 반대로 바꾸어야 한다.

파반느(pavane)

이탈리아에서 16세기 초에 발생해 17세기 중반까지 유행했던 장중하고 위엄 있는 분위기의 궁정 무곡이다.

파소(paso)

탱고에서 스텝을 일컫는 용어이다.

파라다

파소 도블레(paso doble)

라틴아메리카댄스(Latin America dance)
중 하나. 스페인에서 발생한 무곡(舞曲)
으로 빠르고 율동적인 리듬이 특징이다.
박자는 일반적으로 4분의 2박자나 8분
의 6박자인데, 각종 경연 대회에서는 4
분의 2박자만 허용하고 있다. 템포는 1
분에 60~62소절 정도이다. 댄스스포츠
로서 파소도블레의 기본 동작은 비좁은

파소 도블레 1

파소 도블레 2

파소 도블레―플라멩코탭스

장소에서도 잘 어울린다. 남성 무용수의 동작은 투우장에서 투우사가 하는 움직임을 상징하며, 여성 무용수의 동작은 소가 달려드는 투우 망토인 케이프(cape)의 움직임을 본떠서 만들어진다. 파소 도블레는 유럽 대륙 중에서도 프랑스에서 특히 사랑받았다.

파워 무브(power move)

브레이크 댄스(break dance) 용어. 강한 근력과 세밀한 기술을 요구하는 동작으로, 스타일 무브(style move) 사이에 이어지는 회전기이다. 윈드밀(windmill), 헤드 스핀(head spin), 토머스(thomas) 같은 큰 동작들이 여기에 해당된다.

파창가(pachanga)

쿠바의 댄스 음악. 1950년대 중반부터 유행했는데, 차차차처럼 단손(danzón)에서 발전했다. 파창가 댄스는 4분의 4박자의 다운 비트(down beat)로 무릎을 자유롭게 활용하는 형태이다.

파트너 아웃사이드(partner outside)
파트너를 오른쪽 바깥에 두고 왼발로 후퇴하는 동작이다.

파트너 인 라인(patner in line)
파트너와 마주하여 앞이나 뒤로 스텝하는 것을 말한다. 이를테면 페더 스텝(feather step) 남성 제3보째처럼 아웃사이드 파트너(outside partner)로 전진한 뒤의 왼발이 파트너 인 라인이다.

팔로우(follow)
일반적으로 남성의 리드에 여성이 따라가는 것을 말한다. 반대 개념은 '리드(lead)' 이다.

팔로우 스텝(follow step)
양쪽 발의 발끝으로 가능한 한 조금씩 움직이는 것을 말한다.

패스 스루(pass thru)
스퀘어댄스(square dance) 동작에 관한 용어. 오른쪽 어깨를 스치며 지나가는 동작을 말한다.

팬댄스(fan dance)
파티에서 추는 춤의 일종이다.

팬 포지션(fan position)
쿠반 룸바나 차차차의 기본 포지션 중 하나. 남성의 왼쪽에 선 여성이, 남성에게 직각으로 향하여 왼쪽 발을 뒤로 빼고 선 포지션이다. 이 때 남성의 왼손이 여성의 오른손을 잡는다.

펀타다

펑키(funky)

1950년대 후반 유행한 재즈 용어이다. '흑인의 체취' 라는 뜻을 가진 은어로, 재즈 연주를 할 때 흑인 특유의 감성과 선율이 잘 드러날 경우 '펑키한 연주' 라는 표현을 했다. 또한 스타카토로 끊는 듯한 느낌의 댄스를 일컬을 때도 사용되는 용어이다.

페더 스텝(feather step)

페더(feather)는 '깃털' 이라는 뜻. 폭스 트롯의 피겨 명칭으로, 세 번 전진하는 스텝들로 구성된다. 이 때 세 번째 스텝은 일반적으로 여성의 오른쪽 바깥을 향해 부드럽게 내딛는다.

페이스 투 페이스 포지션

페이싱(facing)

무용수가 전진하는 방향, 즉 발과 몸이 향하고 있는 방향을 이야기할 때 쓰이는 용어이다.

페이크(fake)

'가짜의, 거짓된, 모조의' 라는 뜻. 정상적인 스텝에서 한 스텝을 더하거나 건너뛰어 생기는 발의 변화를 일컫는다. 재즈에서는 즉흥적인 연주를 이르는 말이기도 하다.

펜듈럼 스윙(pendulum swing)

진자 운동을 뜻한다. 탱고를 제외한 무빙 댄스(moving dance)의 피겨에 포함되는데, 주로 왈츠의 스윙이 여기에 해당된다.

펜듈럼 액션(pendulum action)

시계추처럼 좌우로 흔들리는 동작을 말한다.

펜싱 라인

펜싱 라인(fencing line)

파소 도블레와 룸바 등에 관련된 용어. 프롬나드 포지션(promenade position)에서 남성이 오른쪽 무릎을 굽혀 오른발을 전진시키면서 왼팔을 앞으로 쭉 뻗어 마치 펜싱 경기의 찌르기 자세처럼 보이는 것을 말한다.

펠로(fellow)

댄스 교사 자격 중 최고 등급. '어소시에이트(associate), 멤버(member), 라이센시에이트(licentiate), 펠로' 라는 4개 등급으로 교사 자격이 나뉘어 있다.

포메이션(formation)

여러 사람이 줄지어 정렬한 형태인 '대형(隊形)' 을 뜻한다. 그 종류로는 서클 포메이션(circle formation), 스퀘어 포메이션(square formation), 콘트라 포메이션(contra formation), 체인 포메이션(chain formation)이 있다.

포 스텝(four step)

스텝의 기본 동작 중 하나. 4박자로, 프롬나드 포지션(promenade position)의 상태로 만드는 데 사용하는 용어이다.

포 앤드 백(fore and back)

우선 왼발을 한 스텝씩 전진하면서 4보째 왼발에 오른발을 갖다 붙인다. 그다음 양쪽 무릎을 구부린 채 오른발부터 후방으로 움직이다가 제4보째 왼발을 오른발에 갖다 붙인다.

포워드 록(forward lock)

오른발을 앞으로 스텝 한 다음, 그 뒤로 왼발을 끌어당겨 허벅지를 밀착시키는 동작을 말한다.

포워드 앤드 백(forward and back)

스퀘어댄스 동작에 관한 용어. 전방으로 3번 워킹 스텝 하여 포인트 하고, 뒤로 3번 뒷걸음질쳐 포인트하는 동작이다.

포워드 스텝(forward step)

앞으로 나아가는 스텝을 말한다. 마치(march)와 같은 형태의 동작이다.

포워드 왈츠 스텝(forward waltz step)

앞으로 나아가는 왈츠 스텝을 말한다.

포워드 워크(forward walk)

앞으로 나아가는 워크를 말한다. 우선 발을 가지런히 해서 똑바로 선다. 이 때 체중은 발의 볼(ball)을 향해 약간 앞으로 싣는다. 볼은 플로어에 닿고 힐(heel)은 플로어를 가볍게 스치며, 토(toe)는 조금 들리는 상태에서 엉덩이로부터 다리를 앞으로 내민다. 앞발의 힐이 뒷발의 토를 지나자마자 뒷발의 힐을 플로어에서 떼어 제 보폭에 이르도록 한다.

포이즈(poise)

신체의 균형, 자세를 말한다. 남성의 경우, 허리를 펴고 똑바로 선 뒤 체중은 발의 볼을 향해서 앞으로 유지한다. 머리를 꼿꼿이 세우고 어깨의 힘을 빼며, 무릎은 아주 조금만 구부린다. 여성의 경우, 허리를 펴고 똑바로 선 뒤 상체와 머리를 약간 왼쪽으로 해서 뒤로 향한다. 발의 볼에 체중을 두고 무릎은 아주 조금만 구부린다.

포인트(point)

체중을 싣지 않고 가볍게 토(toe)만 플로어에 대는 것을 말한다.

포인팅(pointing)

얼라인먼트(alignment)에 관련된 용어. 몸과 발끝이 다른 방향을 가리키고 있는 상태를 말한다. 이를테면 왈츠 내추럴턴(natural turn)의 여성 제2보는 몸이 중앙사면이지만, 발은 엘오디(LOD)를 향한다. 이런 경우 '오른발은 엘오디를 포인팅' 이라고 표현된다.

포지션 오브 피트(position of feet)

한쪽 발에 관련된 다른 쪽 발의 위치를 말한다. 즉 '전진', '후진', '옆으로', '비스듬히 앞으로', '비스듬히 뒤로' 같은 것을 일컫는다. 그 밖에 콘트러리 바디 무브먼트 포지션(contrary body movement position)과 아웃사이드 파트너(outside partner) 등도 발의 위치에 관한 용어이다.

포크댄스(folk dance)

예로부터 각 민족이나 지방에 전해져 내려오는 민속무용을 말한다. 오늘날에는 학교 같은 단체에서 운동이나 오락으로 즐기는 춤을 일컫는 용어로 쓰이기도 한다. 민속무용으로서 포크댄스의 경우 다음과 같은 몇 가지 특징이 있다. 첫째, 특정인에 의해 안무되는 춤이 아니다. 둘째, 일반적으로 민속 의상을 입고 추는 춤이다. 셋째, 예술 무용과 달리 특정한 무용수들이 특정한 관객들을 대상으로 공연하지 않는다. 넷째, 지역적 차별성이 두드러진 춤이다. 다섯째, 대개의 경우 기록으로 전해지지 않는다.

포퓰러 배리에이션(popular variation)

일반적으로 자주 사용되는 배리에이션으로, 기본 피겨에서 발전한 배리에이션을 말한다.

폭스 트롯(fox trot)

스탠다드 댄스(standard dance)의 한 종류이다. 1910년대 미국에서 유행한 춤 또는 그 춤곡을 말한다. 음악은 4분의 4박자이고, 템포는 1분에 30~32소절의 속도로 연주된다. 폭스 트롯은 여느 볼룸댄스보다 부드러운 춤이라고 할 수 있다. 모든 동작은 물 흐르듯이 자연스럽게 이루어져야 하며, 동작이 끊어지지 않으면서 슬로우(slow)와 퀵(quick)이 잘 융화되어야 한다. 또한 편안한 마음 상태에서 체중 이동이 계속해서 자연스럽게 이루어져야 한다.

한마디로 폭스 트롯은 부드러움과 완벽한 통제력을 갖춘 경험이 풍부한 무용수에게 어울리는 춤이다. 폭스 트롯의 기본 동작은 워크(walk)와 쓰리스텝(three-step)이다. 아울러 기초 리듬은 '슬로우, 슬로우' 또는 '퀵, 퀵, 슬로우' 이다. 여기서 슬로우는 2박자, 퀵은 1박자를 잡는다.

폴로네즈(polonaise)

폴란드의 춤곡, 또는 그 음악에 맞춰 추는 민속 무용을 말한다. 4분의 3박자이며, 보통 빠르거나 느린 템포로 진행된다. 남녀가 짝을 지어 원형을 그리면서 춤을 춘다.

폴리리듬(polyrhythm)

두 가지 이상의 리듬을 동시에 사용하는 것을 말한다. 이를테면 룸바(rumba)의 리듬이 그와 같다.

폴(fall)

일으킨 상태의 상체를 낮추는 것을 말한다. 반대되는 동작은 라이즈(rise)라고 한다. 폴과 라이즈가 반복되는 것을 일컫는 용어는 라이즈 앤드 폴(rise and fall)이다.

폴 어웨이(fall away)

남성의 오른쪽 늑골 부분과 여성의 왼쪽 늑골 부분이 접한다. 반면에 남성의 왼쪽 늑골 부분과 여성의 오른쪽 늑골 부분은 떨어져 마치 V자처럼 벌어진 상태로 후퇴하는 것을 말한다. 이 때 두 사람의 어깨와 시선을 같은 방향을 향한다. 약어는 '에프에이(FA)' 이다.

폴 어웨이 포지션(fall away position)

폴 어웨이(fall away) 참조. 남성은 왼발이 오른발을 교차하여 뒤에 놓고, 여성은 오른발이 왼발을 교차하여 뒤에 위치한 상태로 클로즈드 홀드(closed hold)한다. 이 때 남성의 왼쪽 늑골 부분과 여성의 오른쪽 늑골 부분은 떨어져 마치 V자처럼 벌어진다. 약어는 '에프피(FP)' 이다.

폴카(polka)

1830년대 보헤미아 지역에서 발달한 활동적인 춤이다. 남녀가 짝을 이루어 추는 4분의 2박자의 춤인데, 유럽 각국에 전파돼 19세기 말까지 사교춤으로 많은 인기를 끌었다.

폴카 바운스(polka bounce)

폴카의 기본 동작. 매 걸음마다 가벼운 탄력을 준다.

폴카 포인트(polka point)

폴카의 기본 동작. 가볍게 뛰면서 한쪽 발을 포인트 하는 것을 말한다.

풋 라이즈(foot rise)

발목의 힘을 이용해 몸을 상승시키는 것을 말한다. 즉 토(toe)로 체중을 받치면서 볼(ball)과 힐(heel)을 위로 밀어올려 몸을 움직이는 동작이다.

풋 워크(footwork)

발의 놀림 또는 발을 쓰는 기술을 일컫는 말이다. 어떤 춤이든 풋 워크가 유연해야 자연스럽고 아름다운 동작을 연출할 수 있다. 풋 워크를 설명할 때는 토(T), 볼(B), 힐(H), 인사이드 에지(IE), 아웃사이드 에지(OE), 홀 풋(WF), 풋 플랫(FF) 등의 용어가 사용된다.

풋 체인지(foot change)

걸음걸이의 순서를 바꾸는 것을 말한다.

풋 포지션(foot position)

스텝에 대해 이야기할 때, 발의 위치를 가리키는 용어이다.

풀 스텝(pull step)

힐 풀(heel pull)의 다른 명칭이다. 남성이 이용하는 힐 턴(heel turn)의 일종으로 서포팅 풋(supporting foot)의 힐(heel)로 우회전을 하고, 무빙 풋(moving foot)은 서포팅 풋의 옆으로 약간 떨어져 이끌린다. 풋워크는 먼저 힐, 발의 인사이드 에지, 그리고 플랫이 된다.

프라뻬(frappé)

다음의 드라마틱한 동작을 하기 전에 갑자기 발을 구르거나 거칠게 탭(tab)을 하는 동작을 말한다.

프레임(frame)

'틀, 뼈대'라는 뜻. 어떤 동작을 하는 무용수의 머리와 팔, 다리 등의 '틀'을 일컫는 용어이다. 프레임이 좋아야 자세가 우아하고 아름답게 보인다.

프로그레시브(progressive)

'진행되는, 진행형의'라는 뜻. 피겨(figure) 명칭의 일부로 사용된다.

프론트 크로스(front cross)

파트너끼리 몸 앞쪽에서 서로 교차한 자세를 말한다.

프롬나드(promenade)

원래는 '산책'이라는 뜻. 프롬나드
포지션(promenade position)으로
전진할 때 사용되는 용어이다.

프롬나드 포지션(promenade position)

댄스의 기본자세 중 하나. 남성의
오른쪽과 여성의 왼쪽이 접촉하고,

프롬나드 포지션

그 반대쪽이 'V' 모양으로 열린 자세이다. 포크댄스에서는 파트너와 같은
방향으로 향한 뒤 왼손과 왼손, 오른손과 오른손을 가슴 높이에서 엮어 잡는
것을 가리킨다. 보통 오른손이 위로 오도록 한다. 약어는 '피피(PP)'이다.

프레슈어(pressure)

'압박하다, 누르다'라는 뜻. 푸트워크에 관한 용어로, 컨트롤을 위해 토(toe)
나 힐(heel) 등으로 압력을 주는 것을 말한다. 추진력을 얻을 목적으로 플로
어를 누르는 경우에도 사용된다.

프렌치 캉캉(french cancan)

캉캉(cancan) 참조. 캉캉을 달리 일컫는 용어이다.

프리 댄스(free dance)

일정한 틀에 얽매이지 않고 자유롭게 출 수 있는 춤을 말한다. 이를테면 확
실한 룰이 정해져 있는 스탠다드 댄스에 비해 라틴아메리카 댄스는 프리 댄
스에 가까운 면이 있다.

프리즈(freeze)

춤을 끝내면서 마지막에 취하는 정지 동작을 일컫는다. 브레이크 댄스 (break dance) 용어이다.

프리크 디스코(freak disco)

거리의 모퉁이 등 비주류에서 시작된 춤으로, 모든 구속으로부터 벗어나고 싶어 하는 젊은이들의 영혼의 몸짓이라고 할 수 있다. 파트너를 필요로 하지 않으며, 모든 동작이 매우 자유롭다. 다른 이름으로 솔로 디스코(solo disco) 라고 한다.

프리프(prep)

방향 전환을 하기 전에 미리 몸을 약간 돌리는 것을 말한다.

플라멩코(flamenco)

15세기 무렵부터 발달한 스페인 안달루시아 지방 집시들의 춤과 음악을 말한다. 특별히 춤에 대해서는 바일레 플라멩코(baile flamenco), 음악에 대해서는 칸테 플라멩코(cante flamenco)라고 한다. 흔히 플라멩코의 3대 요소라면 춤을 뜻하는 엘 바일레(el baile), 노래를 뜻하는 엘 칸테(el cante), 기타를 뜻하는 엘 토케(el toque)를 일컫는다. 또한 플라멩코의 분위기도 세 가지로 나눌 수 있다. 우선 죽음과 절망 등을 다뤄 비장감을 동반하는 것, 음악에 동양적 색채가 가미되거나 감동을 일으키는 것, 그리고 사랑과 삶의 기쁨을 이야기하는 것이다. 플라멩코는 단지 음악으로 뿐만 아니라 집시 문화와도 밀접한 관계가 있다. 플라멩코 공연에 쓰이는 주요 용어로는 남성 무용수를 뜻하는 '바일라오르(bailaor)', 여성 무용수를 뜻하는 '바일라오라(bailaora)', 남성 가수를 뜻하는 '칸타오르(cantaor)', 여성 가수를 뜻하는 '칸타오라(cantaora)'가 있다. 기타 반주자는 '기타리스터(guitarister)' 또는 '토카오르

(tocaor)' 라고 한다.

플라멩코 기타(flamenco guitar)

원래는 플라멩코(flamenco)의 반주 악기로만 쓰였으나, 1938년 첫 독주회가 열린 이래 독주 악기로도 가치를 인정받고 있다. 화려하고 경쾌한 음조(音調)를 보이지만, 독특한 음색에서 안달루시아 사람들의 애수가 느껴진다.

플라멩코 드레스(flamenco dress)

플라멩코(flamenco)를 출 때 적합하도록 발달한 드레스, 또는 그것을 모티프로 디자인한 드레스를 말한다. 카니발 룩의 하나로 볼 수 있는데, 목선을 깊게 파고 허리와 힙 선을 강조해 여성의 몸매를 돋보이도록 했다. 플레어(flare)를 많이 잡고 러플(ruffle)을 많이 달아 스커트가 넓게 퍼지도록 했으며, 화려한 색상과 장식이 특징이다.

플랫(flat)

스텝을 하면서, 발바닥 전체를 이용해 플로어를 딛는 것을 말한다.

플러테이션 포지션(flirtation position)

파트너끼리 매우 가까이 맞닿아 있는 그림자 포지션을 말한다. 자이브, 삼바, 룸바 등에서 사용된다. 다른 이름으로 커들 포지션(cuddle position)이라고도 한다.

플렉스(flex)

'구부림' 이라는 뜻. 무릎 등 신체 각 부위를 구부리는 것을 표현할 때 사용되는 용어이다.

플렉클(fleckerl)

비엔나 왈츠의 피겨(figure) 명칭 중 하나. 제자리에서 오른쪽이나 왼쪽으로 회전하는 피겨이다.

플로어 스플릿 댄스(floor split dance)

동일한 음악이 흐르는 같은 공간에서 두 가지 이상의 댄스가 이루어지는 것을 말한다.

플로어 크래프트(floor craft)

플로어의 사용법을 의미한다. 다른 커플과 충돌을 피하기 위한 기능이다.

플리 홉(flea hop)

자이브의 피겨 명칭 중 하나. 플리(flea)는 '벼룩' 이라는 뜻이다. 그러므로 이 용어는 벼룩이 뛰는 것처럼 가볍고 날래게 홉(hop) 동작을 하는 것을 말한다.

플릭(flick)

서포팅 풋(supporting foot)의 앞이나 뒤로 다른 쪽 발의 무릎 아래를 날렵하게 흔들 듯 움직이는 것이다.

플릭커(flicker)

양쪽 발의 볼에 체중을 싣고, 발꿈치를 재빨리 열고 닫는 동작이다.

피겨(figure)

댄스의 단위로, 2보(步) 이상의 스텝이 조화롭게 짜여진 것을 말한다. 베이식 피겨(basic figure), 스탠다드 배리에이션(standard variation), 네임드 배리에이션(named variation)을 비롯해 포퓰러 배리에이션(popular variation), 시즌배리에이션(season variation) 등으로 구분할 수 있다.

피버팅 액션(pivoting action)

피벗(pivot)과 비슷한 동작. 남성이 내추럴 피벗을 할 때 콘트러리 바디 무브먼트 포지션(contrary body movement position)을 유지할 수 없게 되어 이처럼 피벗과 닮은 동작이 된다.

피벗(pivot)

체중을 실은 한쪽 발의 볼(ball)이나 뒤꿈치를 축으로 회전하는 것을 말한다. 한쪽 발을 앞이나 뒤로 스텝하고, 다른 쪽 발을 콘트러리 바디 무브먼트 포지션(contrary body movement position)으로 유지하면서 회전한다.

피벗 턴(pivot turn)

체중을 싣고 있는 발을 축으로 회전하는 동작이다. 대개 1/2회전이나 그 이하의 회전을 한다. 거의 일회성 회전으로 그치지만, 연속 회전을 시도할 때는 축이 되는 발을 매번 바꾼다. 그냥 피벗(pivot)이라고도 한다.

피시테일(fishtail)

퀵스텝 피겨(figure) 명칭의 하나. 물고기가 꼬리지느러미를 흔드는 동작과 닮아서 붙여졌다.

피피(PP)

프롬나드 포지션(promenade position)의 약어. 남성의 오른쪽과 여성의 왼쪽이 접촉하고, 그 반대쪽이 'V' 모양으로 열린 자세이다. 포크댄스에서는 파트너와 같은 방향으로 향한 뒤 왼손과 왼손, 오른손과 오른손을 가슴 높이에서 엮어 잡는 것을 가리킨다. 보통 오른손이 위로 오도록 한다.

픽처 스텝(picture step)

시각적으로 돋보이는 스텝으로 구성된 피겨를 말한다. 일반적으로 몸을 움직이기보다는 제자리에서 다양한 동작을 보여주게 된다. 다른 이름으로 픽처 피겨(picture figure)라고도 한다.

댄스스포츠
사전

하바네라(habanera)

쿠바에서 생겨나 스페인에서 유행한 민속 춤곡이다. 정확한 스페인어 발음은 '아바네라' 이며, 탱고(tango)가 탄생하는 데 큰 영향을 끼쳤다. 하바네라의 특징 역시 탱고와 같은 2박자 리듬이라는 것인데, 대표적인 작품으로는 세바스티안 이라디에르(Sebastián Yradier)가 작곡한 〈라 팔로마(La Paloma)〉 등이 있다. 그 밖에 조르주 비제(Georges Bizet)의 오페라 〈카르멘(Carmen)〉 제2막 등에도 활용되었다.

하프 비트(half beat)

1비트를 둘로 나눈 것을 말한다.

하프 샤세(half chasse)

제2보를 완전히 모으지 않고 동작하는 샤세이다. 일반적인 샤세와 같이 3보로 구성되지만 제1보는 벌리고, 제2보에서는 두 발을 반쯤 닫고, 제3보는 다시 벌리는 피겨(figure)이다. 다른 말로 오픈 샤세(open chasse)라고도 한다.

핸드 스핀(hand spin)

파소도 블레의 배리에이션(variation) 중 하나. 남성이 들어올린 손 밑에서 여성이 스핀을 하는 것을 일컫는다.

허슬(hustle)

디스코의 기본이 되는 춤이다. 라틴허슬, 뉴욕허슬, 캘리포니아허슬 등 여러 가지 변종이 있다.

헝가리안 턴 포지션(hungarian turn position)

파트너끼리 마주보고 오른쪽 어깨가 닿도록 나란히 선다. 그 다음 오른손은

| 하프턴투더라이트 | 하프턴투더레프트 |

서로 상대의 왼쪽 허리를 잡고, 왼손은 비스듬히 위로 펴서 올린다.

헤드 플릭(head flick)

주로 탱고 등에서 볼 수 있는 동작으로, 머리를 재빠르게 좌우로 흔드는 것을 말한다.

헤어 코밍 액션(hair combing action)

차차차에 관련된 동작. 양손으로 머리를 쓸어올려, 마치 빗질을 하는 듯한 동작을 말한다.

헤어 핀(hair pin)

'U' 자 형태의 커브를 일컫는다. 이를테면 회전량이 많은 커브드 휘더 (curved feather) 같은 피겨에 붙는 명칭이다.

헝가리 안 턴 포지션

헤지테이션(hesitation)

'망설임, 머뭇거림' 이라는 뜻. 피겨 또는 피겨의 일부가 정지되거나, 체중이 1비트 이상 한쪽 발에 머무르는 것을 말한다.

호버(hover)

볼(ball)로 높은 자세를 만드는 스텝이다. 방향을 전환하거나, 서포팅푸트 (supporting foot)에 무빙푸트(moving foot)가 브러시(brush)할 수 있는 충분한 시간을 얻기 위해 이용된다.

호버 코르테(hover corte)

호버(hover)한 상태에서 오른쪽 발을 뒤에 유지하며 추는 리버스 코르테 (reverse corte)를 말한다. 왈츠 등 모던 볼룸 댄스의 배리에이션(variation) 중 하나이다.

홉(hop)

춤의 기본 동작 중 하나로, 가볍게 뛰는 것을 말한다. 규칙적인 리듬으로 행

호버 코르테

해지며 한쪽 발로 바닥에서 뛰어올라 같은 발에 체중을 두는 것이다. 반대쪽 발은 주로 무릎을 굽혀 든다. 플로어에 내릴 때 뒤꿈치는 닿지 않는다.

홉핑(hopping)

한쪽 발로 뛰어올랐다가, 그 발로 착지하는 동작을 말한다. 갤러핑(galloping), 리프(leap), 워킹(walking), 점프(jump), 러닝(running), 스키핑(skipping), 슬라이드(slide) 등과 더불어 댄스의 기본 스텝 중 하나이다.

홀드(hold)와 손의 포지션

홀드는 남녀가 파트너를 이루는 방식을 말한다. 남성의 경우, 여성을 약간 오른쪽으로 해서 서로 마주보고 선다. 두 팔을 어깨보다 낮게 유지하여 옆으로 벌린다. 오른쪽 팔꿈치를 굽히고, 오른손을 여성의 좌견갑골 아래에 둔다. 왼쪽 팔꿈치를 굽히고 여성의 오른손을 잡은 뒤 그 손을 거의 눈높이에서 유지한다. 왼쪽 앞 팔은 전방으로 약간 구부리고, 팔꿈치에서 손까지 곧은 라인을 유지한다. 여성의 경우는 왼손을 남성의 오른팔 위에, 어깨보다 조금 아래에 둔다. 오른팔을 들고, 오른손은 남성의 왼손과 잡는다. 파트너끼리 균형을 잡기 위해서는 올바른 홀드가 반드시 필요하다. 또한 홀드가 바람직해야 리드(lead)와 팔로우(follow)를 하기 쉽다. 홀드로 생긴 공간은 가능한 한 일정하게 유지해야 파트너를 좋게 리드하고, 좋은 팔로우가 되기도 한다. 손의 포지션의 경우, 자이브를 출 때 여성은 손바닥을 아래로 가볍게 쥐어 주먹을 만든다. 그리고 남성은 손바닥을 위로 해 여성의 손을 쥔다. 블루스와 왈츠 등에서는 남녀가 서로 손목을 세워 자연스럽게 잡는다. 탱고를 출 때는 블루스와 왈츠 형태에서 여성의 손목이 안쪽으로 굽어 손바닥을 오른쪽 바깥으로 향하도록 잡는다. 남녀 함께 손목을 수직으로 한 뒤 남성의 엄지를 여성의 손바닥에 대면 룸바와 맘보 등의 손 포지션이 된다.

홀 푸트(whole foot)

발바닥 전체를 뜻한다.

회전량

회전량은 몸이 아니라 양쪽 발의 위치로부터 측정한다. 즉 각 스텝 사이의 회전량을 말하는데, 1/8회전을 최소 단위로 한다. 일반적으로 회전량을 표시하는 수치로는 '1/8, 1/4, 3/8, 1/2, 5/8, 3/4, 7/8, 1' 여덟 가지가 있다.

회전 방법

일반적으로 발과 몸은 같은 방향을 향한다. 하지만 때로는 그 방향이 다른 경우가 있다. 예를 들어 내추럴 턴의 전반에 있어 여자는 내측 회전이 되고 '1과 2 사이에서 3/8, 몸의 회전은 적고, 3에서 몸의 회전을 완료' 하는 것이 되는데, 회전량의 표기에는 나름의 법칙이 있는 것에 주의해야 한다. 즉 후방으로 회전하는 내측 회전은 2보에서 발의 회전이 완료되지만, 전방으로 회전하는 외측 회전에는 3보의 회전에 따라서 회전량이 완료된다. 이 법칙의 예외가 되는 것은 내측 회전에서도 외측 회전에서도 같은 걸음 수에서 회전량을 완료하는 폭스트롯의 풀 스텝(pull step), 클로즈드 임피터스(closed impetus), 아웃사이드 체인지(outside change) 같은 것 등이다.

회전 법칙

남녀가 마주하여 회전을 하게 되면, 회전량은 같지만 회전 거리는 서로 다르게 된다. 따라서 반드시 한 사람이 축이 되게 된다. 그 축은 바로 내측 회전을 하는 사람인 것이다. 그러므로 내측 회전을 하는 사람이 회전을 짧게 해야 외측 회전을 하는 사람이 회전 거리가 줄어들게 된다. 외측 회전은 회전 거리가 길기 때문에 두 스텝에 나누어서 회전을 하게 되고, 내측 회전은 하나의 스텝으로 회전을 한다.

휴이트(huit)

휴이트는 8박자 동안 하는 것으로, 투우사의 승리를 표현하기 위해 망토를 앞뒤로 휙휙 날리면서 마지막 격전을 치르는 어택(attack)을 하게 된다. 남성은 벽을 향해 발을 모으고 왼발로 선다. 여성은 발을 모으고 오른발로 선다.

휘스크(whisk)

드레스의 소매 등을 날렵하게 펄럭인다는 의미로, 남녀가 프롬나드 포지션(promenade position)이 되어 남성은 왼발, 여성은 오른발을 뒤로 교차시키는 것이다.

히로(giro)

탱고 용어 중 하나. 여성이 남성의 주위를 돌면서 걷는 동작을 말한다.

휴이트

히치(hitch)

왼쪽 발에 체중을 실은 채, 오른발의 무릎이 90도가 되도록 굽혀 앞으로 올
리는 동작이다.

힌지(hinge)

레프트 휘스크(left whisk)에서 발전한 스텝으로 상체는 스로어웨어, 오버스
웨이로서 같은 형이지만, 여성의 발만 바뀌어 밟게 된다.

힐(heel)

'발꿈치' 라는 뜻. 흔히 'H'로 표시한다.

힐 바운스(heel bounces)

양발 뒤꿈치를 위아래로 움직이는 동작이다.

힐 앤드 토(heel and toe)

한쪽 발에 체중을 실은 뒤, 다른 발의 발꿈치와 발가락 끝을 교대로 플로어에 대는 동작이다.

힐 턴(heel turn)

회전은 스텝 한 발의 볼(ball)로 시작한 뒤 힐(heel)로 계속된다. 클로즈(close)하는 발은 평행으로 유지하고, 회전이 끝나면 클로즈 한 발로 체중을 옮긴다.

힐 풀(heel pull)

남성이 이용하는 힐 턴(heel turn)의 일종. 서포팅 풋(supporting foot)의 힐(heel)로 우회전을 하고, 무빙 풋(moving foot)은 서포팅 풋의 옆으로 약간 떨어져 이끌린다. 풋워크는 먼저 힐, 발의 인사이드 에지, 그리고 플랫이 된다. 남성이 힐 풀을 출 때 여성은 브러시 스텝(brush step)을 한다.

힐 피벗(heel pivot)

남성이 이용하는 스텝이다. 회전은 후퇴한 오른발의 볼(ball)로 시작하고, 이어 힐(heel)로 계속된다. 클로즈(close)하는 발은 평행으로 유지하며, 회전이 끝나면 클로즈한 발로 체중을 옮긴다.

힙모션(hip motion)

엉덩이의 회전 동작을 일컫는 용어이다.

힙 범프(hip bump)

자이브의 피겨 명칭 중 하나. 춤을 추면서 남성과 여성의 엉덩이가 살짝 부딪히는 동작을 말한다. 범프(bump)는 '~에 부딪히다'라는 뜻이다.

힙 스윙(hip swings)

왼발로 약간 옆으로 스텝하면서, 발을 벌린 채 힙을 오른발에서 왼발로 스윙한다. 그 다음 힙을 왼발에서 오른발로, 오른발에서 왼발로 스윙한다. 왼발로 자세를 유지한다.

힙합 1

1

2

3

4

힙합 2

힙 트위스트(hip twist)

엉덩이를 척추를 중심으로 한 상체 방향과 달리 좌우로 비틀어 꼬는 동작을 말한다. 이를테면 룸바의 클로즈드 힙 트위스(closed hip twist) 같은 동작에서 볼 수 있다.

힙합(hip-hop)

1970년대 미국 뉴욕 빈민가의 흑인들 사이에서 싹튼 자유와 즉흥성의 문화가 1980년대 들어 역동적인 춤과 음악의 형태로 발전한 것이다. 힙합이란 용어는 '엉덩이(hip)를 흔든다(hop)' 라는 의미로 만들어졌다. 흔히 힙합을 이루는 주요 요소로는 강렬하고 반복적인 리듬에 맞춰 읊듯이 노래하는 랩(rap)과 디제이가 벌이는 모든 행동을 뜻하는 디제잉(DJing), 브레이크 댄스(break dance), 공공장소에 하는 낙서 같은 그림인 그래피티(graffiti)가 손꼽힌다. 한 마디로 힙합은 미국 흑인들 사이에서 형성된 음악과 춤, 패션 그리고 그들의 철학과 생각을 동반한 문화이며 동시에 개성적인 라이프스타일을 뜻한다.